BEI GRIN MACHT SICH IHR WISSEN BEZAHLT

- Wir veröffentlichen Ihre Hausarbeit, Bachelor- und Masterarbeit

- Ihr eigenes eBook und Buch - weltweit in allen wichtigen Shops

- Verdienen Sie an jedem Verkauf

Jetzt bei www.GRIN.com hochladen und kostenlos publizieren

Bibliografische Information der Deutschen Nationalbibliothek:

Die Deutsche Bibliothek verzeichnet diese Publikation in der Deutschen National-
bibliografie; detaillierte bibliografische Daten sind im Internet über http://dnb.d-
nb.de/ abrufbar.

Impressum:

Copyright © 2016 GRIN Verlag, Open Publishing GmbH
Druck und Bindung: Books on Demand GmbH, Norderstedt Germany
ISBN: 9783668442498

Dieses Buch bei GRIN:

http://www.grin.com/de/e-book/359186/unterwelten-in-europa-und-mesoamerika-
edda-aeneis-und-aztekencodices

Nicolas Ströhla

Unterwelten in Europa und Mesoamerika. Edda, Aeneis und Aztekencodices

Ein Vergleich

GRIN Verlag

GRIN - Your knowledge has value

Der GRIN Verlag publiziert seit 1998 wissenschaftliche Arbeiten von Studenten, Hochschullehrern und anderen Akademikern als eBook und gedrucktes Buch. Die Verlagswebsite www.grin.com ist die ideale Plattform zur Veröffentlichung von Hausarbeiten, Abschlussarbeiten, wissenschaftlichen Aufsätzen, Dissertationen und Fachbüchern.

Besuchen Sie uns im Internet:

http://www.grin.com/

http://www.facebook.com/grincom

http://www.twitter.com/grin_com

Unterwelten in Europa und Mesoamerika - ein Vergleich von Edda, Aeneis und Aztekencodices

Seminararbeit

im

Seminarkurs 2015/16 „Mythen der Antike"

am

Hebel-Gymnasium Lörrach

vorgelegt von

Nicolas Ströhla (K1)

aus Basel

Inhaltsverzeichnis

Einleitung

Schon immer haben sich die Menschen die Frage gestellt, war mit ihnen nach dem Tod passiert und wohin sie dann kommen. Die Suche nach der Antwort auf diese Frage beschäftigt nicht nur uns in der heutigen Zeit, im Hier und Jetzt, sondern seit der Steinzeit auch Menschen unterschiedlichster Völker, die mehrere Jahrhunderte vor uns lebten und starben. Sie versuchten, sich ein Bild davon zu machen, an welchen Totenorte sie dann ihr Schattendasein führen würden.

Anders als heute, in einer Welt, in der der Tod durch die Errungenschaften der Medizin in weite Ferne gerückt wird und in der Menschen unter normalen Bedingungen ein hohes Alter erreichen können, war der Tod in frühester Zeit der ständige Begleiter der Menschen. Da er jederzeit eintreten konnte, wollten die Menschen die Ungewissheit über das Jenseits wenigstens dadurch einschränken, indem sie sich in ihrer jeweiligen Religion ein Leben danach erschufen.

In der folgenden Seminararbeit lenkt der Autor sein Augenmerk auf die Unterweltvorstellungen von Wikingern und Nordgermanen sowie Römern in Europa sowie Azteken in Mesoamerika und stellt sie mit Bezug auf die Edda, Aeneis und die Aztekencodices vergleichend gegenüber. Dabei widerlegt der Autor den gängigen Mythos von der *einen* Unterwelt, der nicht oder nur bedingt gilt.

So hatten die Wikinger und Nordgermanen drei, die Azteken vier Unterwelten. Und auch bei den Römern gab es eigentlich mehr Unterwelten, die jedoch in einer einzigen vereint waren.

Des weiteren geht der Autor auf folgendes Fragen ein:

- Welchen eigentlichen Sinn und Zweck hatten die schriftlichen Quellen, aus denen sich die einzelnen Darstellungen der Unterwelt entnehmen lassen?
- In welchem historischen Zusammenhang entstanden sie und wer hat sie verfasst?
- Wie muss man sich den Aufbau der einzelnen Jenseitsorte vorstellen und wie viele gab es davon in den genannten Kulturen?
- Lässt sich möglicherweise ein Zusammenhang zwischen der Lebensweise der Völker im Diesseits zur Unterwelt nach dem Tod feststellen?
- Und wie kommt es, dass man trotz zeitlich und geografisch trennender Elemente, wie z. B. Atlantik sowie Nord- und Ostsee, dennoch derart viele Gemeinsamkeiten zwischen den jeweiligen Unterwelten erkennen kann?

Da all diese spannenden Fragen nur dann beantwortet werden können, wenn man sämtliche Zusammenhänge in einem Gesamtkontext eingebettet und sehr detailliert darstellt, ist die vorliegende Seminararbeit umfangreicher geworden als so manch populärwissenschaftliches Werk zu diesem Thema.

I. Die Edda

I.1. Begriffsklärung1

Zur Erkundung der Religion der skandinavischen Völker vor der Christianisierung stehen uns in der altisländischen Literatur drei Quellenkomplexe zur Verfügung: die eddische Dichtung (Edda), die Skaldendichtung, die Sagaliteratur.

Der Begriff „Edda" ist doppeldeutig. Er beinhaltet einerseits „Die Götter- und Heldenlieder der Älteren Edda" (auch „Lieder-Edda" und „Sämunds Edda" genannt) des Codex Regius (s. I 3 b) aus dem späten 13. Jahrhundert (um 1270). Andererseits bezeichnet er „Die Edda des Snorri Sturluson" aus dem frühen 13. Jahrhundert (1220-1225), auch „Snorra-Edda", „Jüngere Edda" oder „Prosa-Edda" genannt.

Die Ausdrücke „Ältere Edda" und „Jüngere Edda" sind in diesem Zusammenhang irreführend und verweisen auf das Geschichtsverständnis de 13. Jahrhunderts (s. weiter unten).

Unter „Skaldenliteratur" versteht man die Dichtung der Skalden (altnordisch „skáld" = „Dichter"): höfische Dichter im mittelalterlichen Norwegen und Island.[2]

---

1 **Krause, Arnulf (Auswahl, Übersetzer, Kommentare): Die Edda des Snorri Sturluson.** Stuttgart 2015 [im Folgenden stets „Snorra-Edda" genannt], S. 254 ff.
2 Vgl. de.wikipedia.org/wiki/Skalde [gesehen am 20.02.2016]

4

Die „Sagaliteratur" bezeichnet altisländische Literatur des 11., 12. und 13. Jahrhunderts; sie umfasst die Königssagas (über das Leben der norwegischen Könige), die Isländersagas und die Vorzeitsagas. Die Sagaliteratur spielt jedoch mit Blick auf die Mythographie eine untergeordnete Rolle.

Der Inhalt dieser Seminararbeit stützt sich somit im Wesentlichen auf die Edda, da sich dort die meisten Verweise auf die Religion der altnordischen Völker (Nordgermanen[3] und Wikinger[4]) vor der Christianisierung finden.

Das Wissen über Literatur und Religion wurde in Skandinavien vor der Christianisierung vornehmlich mündlich weitergegeben. Es gibt zwar eine Schrift, die Runen. Dabei handelt es sich allerdings um Schriftzeichen, die überwiegend für geritzte und gravierte Inschriften auf Gegenständen und Steindenkmälern verwendet wurden. Die Runen waren vom 2. bis 14. Jahrhundert bei den altnordischen Völkern in Gebrauch. Fundschwerpunkt ist Südschweden. Der größte Teil der ca. 6'500 Runenschriften stammt aus der Zeit der Wikinger, die in vielen Teilen Europas ihre Spuren hinterlassen haben.

Wissen über die vorchristliche Zeit wurde erst seit der Christianisierung Skandinaviens mit lateinischen Schriftzeichen von christlich geprägten Autoren auf Pergament festgehalten. Die wichtigsten Quellen für dieses Wissen sind die Snorra-Edda und die Lieder-Edda.

Den Namen „Edda" trug *ursprünglich* das Buch, das der isländische Gelehrte Snorri Sturluson (1179-2141) zwischen 1220 und 1225 verfasst hatte; es trägt *eigentlich* den Namen „Die Edda des Snorri Sturluson" (Snorra-Edda), ein Lehrbuch für die Skalden, das anhand von mythischem Stoff Stilmittel und Versmaße lehrte; als Inhalt zur Vermittlung von Poetik und Metrik dienten Götter- und Heldenlieder. Im mittelalterlichen Island verstand man unter „Edda" *nur* dieses Werk. Die Snorra-Edda war auch den Gelehrten des 16. und 17. Jahrhunderts bekannt. Weil Snorri viele Strophen aus Götter- und Heldenliedern verwendete, zogen diese Gelehrten den Schluss, Snorri habe eine ältere Liedersammlung benutzt, und schrieben eine derartige Sammlung dem isländischen Gelehrten Sämund dem Weisen (Saemundr Sigfússon, 1056-1133) zu. So bürgerten sich für „Die Götter- und Heldenlieder der Älteren Edda" die Begriffe „Sämunds Edda", „Lieder-Edda" (wegen der vielen Lieder) und „Ältere Edda" (wegen des *vermeintlich* höheren Alters) ein. Die Snorra-Edda wird wegen des großen Prosa-Anteils auch als „Prosa-Edda" und wegen ihres *vermeintlich* geringeren Alters auch als „Jüngere Edda" bezeichnet.[5]

Bis heute ungeklärt ist die Herkunft des Wortes „Edda". Es gibt vier Erklärungsversuche. Im Altisländischen bedeutet „edda" „Großmutter"[6]. Das altnordische „odr" steht für „Dichtung" oder „Dichtungslehre"[7]. Auf dem südisländischen Hof „Oddi" verbrachte Snorri Sturluson seine Kindheit und Jugend. „Edda" hieße dann „Buch von Oddi". Die lateinische Verbform „edo" bedeutet „ich verkünde" oder „ich sage".

I.2. Die Edda-Übersetzung in deutscher Sprache

Welche Quellenübersetzungen liegen nun dieser Seminararbeit beim Versuch einer Mythographie der altnordischen Unterwelt zugrunde? - Der Autor dieser Arbeit hat zwei deutsche Übersetzungen benutzt:

1. Krause, Arnulf (Auswahl, Übersetzer, Kommentare): Die Edda des Snorri Sturluson, Stuttgart 2015 [im Folgenden „Snorra-Edda" genannt]
2. Krause, Arnulf (Herausgeber, Übersetzer): Die Götter- und Heldenlieder der Älteren Edda, Stuttgart 2004 [im Folgenden „Lieder-Edda" genannt]

Es handelt sich um neuere Übersetzungen aus den Jahren 2004 und 2015; die Sprache orientiert sich am heutigen Sprachempfinden und sichert ein gewisses Maß an zeitgemäßer Verständlichkeit. Die Tatsache, dass es sich in beiden Fällen um ein und denselben Übersetzer, Herausgeber und Verlag handelt, gewährleistet eine hohe stilistische und linguistische Einheitlichkeit bei Stil, Wortschatz und Versmaß. Zudem kennt ein und derselbe Übersetzer beide Originalquellen sowie die historischen Rahmenbedingungen, wodurch sich der Eindruck von einer gewissen Einheitlichkeit verstärkt.

---

3 Nordgermanen: Dänen, Schweden, Norweger, Isländer. Vgl. de.wikipedia.org/wiki/Germanen [gesehen am 20.02.2016]
4 Wikinger (800-1050) und ihre Siedlungsgebiete: Neufundland, Grönland, Island, Westnorwegen, Lofoten, Färöer, Shetland-Inseln, Hebriden, Westschottland, Südirland, Westengland, Normandie, Niederlande, Dänemark, Schweden, Baltikum, Ukraine. Vgl. de.wikipedia.org/wiki/Wikinger [gesehen am 20.02.2016]
5 Vgl. Lieder-Edda, S. 511 ff.
6 Vgl. www.koeblergerhard.de/germanistischewoerterbuecher/altnordischeswoerterbuch/an-E.pdf [gesehen am 15.04.2016]
7 Vgl. www.koeblergerhard.de/an/an_o.html [gesehen am 15.04.2016]

I.3. „Die Götter- und Heldenlieder der Älteren Edda" (= Lieder-Edda = Sämunds Edda = Ältere Edda)

I.3.a) Der geschichtliche Rahmen der Lieder-Edda8

Die Wissenschaft geht davon aus, dass es sich beim Autor von „Die Götter- und Heldenlieder der Älteren Edda" (Lieder-Edda) um *eine einzige unbekannte* Person handelt, die vermutlich mehrere schriftliche Vorlagen benutzte und keinen mündlich überlieferten Text aufschrieb. Als Entstehungsland der Lieder-Edda gilt Island. Es handelt sich um ein Zeugnis einer Zeit des Umbruchs zwischen nordgermanischem Heidentum, das sich im Skandinavien des 10. Jahrhunderts bereits auf dem Rückzug befand, und einem immer weiter vordringenden Christentum. Es ist anzunehmen, dass der Verfasser mit hoher Wahrscheinlichkeit noch unter dem Einfluss der alten Religion und unter dem des Christentums stand.

Die Lieder-Edda, insbesondere ihr bedeutendster Teil „Die Weissagung der Seherin" („Völuspá"), ist deshalb ein Mischprodukt der Übergangsperiode von der alten Religion zum Christentum. Mitteleuropa war im 9. Jahrhundert bereits christlich. In Schweden beginnt die Missionierung erst ab 829. Seit der Mitte des 10. Jahrhunderts verbanden die dänischen (z. B. Harald Blauzahn) und norwegischen (z. B. Olaf Tryggvason) Könige die Durchsetzung des christlichen Glaubens mit ihrer Herrschaftspolitik.

Die Annahme des neuen Glaubens und der Anschluss an die abendländische Kultur vollziehen sich in Skandinavien rasch. Klöster wurden gegründet und Mönchen verbreiteten die lateinische Schrift. Im Gegensatz zu den christianisierten Südgermanen hielten sich die Nordgermanen noch lange an die altnordischen Götter- und Heldenlieder.

Die Isländer nahmen den christlichen Glauben per Volksentscheid im Allthing im 10. Jahrhundert an. Die bäuerlich geprägte isländische Häuptlingsoligarchie pflegte jedoch parallel das Studium der altnordischen Überlieferungen. Im 12. und 13. Jahrhundert interessierten sich schließlich die isländischen Gelehrten für ihre altnordischen Wurzeln, obwohl sie als Christen bereits Anteil an der abendländischen Kultur hatten; sie sammelten mündlich überlieferte Erzählstoffe und Lieder, verfassten selbst auch neue. Die Inhalte der Lieder-Edda gehen bis ins 9. Jahrhundert zurück; von vielen wird jedoch angenommen, dass sie erst im 12. und 13. Jahrhundert entstanden sind.

I.3.b) Das Quellmanuskript „Codex Regius"

Die Lieder-Edda liegt als historische Handschrift „Codex Regius" vor. Sie besteht aus 45 Pergamentblättern. Acht Blätter sind verloren gegangen. Aufgrund von paläographischen Untersuchungen lässt sich die Entstehung dieses Manuskripts auf kurz nach 1270 ansetzen. 1643 gelangte es in den Besitz des isländischen Bischofs und Handschriftensammlers Brynjólfur Sveinsson. Er sah in ihm die alte Lieder-Sammlung Sämunds. Der Bischof schenkte sie 1662 dem dänischen König Frederik III. Das Manuskript befand sich dann bis 1971 in der königlichen dänischen Bibliothek in Kopenhagen; daher der Name „königliche Handschrift" (lateinisch „Codex Regius"). 1971 wurde der Codex Regius an Island übergeben.[9] - Der Codex Regius (die Lieder-Edda!) darf *nicht* mit dem „Codex Regius der Snorra-Edda" (Snorra-Edda) *verwechselt* werden! (s. I.4.)

I.3.c) Die Weissagung der Seherin (Völuspá)[10]

„Die Weissagung der Seherin" (altnordisch „Völuspá" genannt) ist ein Gedicht mit 66 Strophen und der berühmteste Text der Lieder-Edda. Der Verfasser des Codex Regius setzte es an den Anfang seines Buches. Es handelt sich um einen Monolog einer Seherin (altnordisch „völva") und trägt daher den Titel „Völuspá". Odin, der germanische Hauptgott, steht ihr gegenüber und möchte etwas erfahren von der Entstehung der Welt und ihrer Lebewesen und über das weitere Schicksal der Götter. Daraufhin gibt die Seherin eine Vision von der Entstehung und vom Untergang einer mythischen Welt, in deren Mittelpunkt die Götter stehen. Odin, Thor und die meisten anderen Götter gehen unter; nur einige wenige Götter überleben. Es entsteht eine neue, grüne Welt. - Die Völuspá ist somit der wichtigste Teil der Lieder-Edda, der Rückschlüsse auf die Religion, und somit die Unterwelt, vor der Christianisierung zulässt.

Wie authentisch ist die Völuspá? Was ist original, was dazu gedichtet? - „Was an diesem großen Visionsgedicht Schöpfung des Dichters war und was eine spätere Zudichtung wurde, ist für manche Strophe heftig umstritten. Der Text

8 Krause, Arnulf (Herausgeber, Übersetzer): Die Götter- und Heldenlieder der Älteren Edda. Stuttgart 2004 [im Folgenden stets „Lieder-Edda" genannt], S. 11 ff.
9 Vgl. de.wikipedia.org/wiki/Codex_Regius_(Edda) [gesehen am 20.02.2016]
10 Vgl. Lieder-Edda, S. 11 ff.

dieser Ausgabe orientiert sich an der handschriftlichen Überlieferung und differenziert nicht zwischen original und weniger original. Mit den tradierten Strophen bleibt auf jeden Fall der Entwurf eines mythologischen Gesamtbildes bestehen, das den Ausdruck von Kultur und Literatur des mittelalterlichen Island ist."[11]

Ist die Völuspá ein authentisches Abbild der altnordischen Religion? - „Dabei wäre es leichtfertig, Die Weissagung der Seherin einer ungebrochenen, authentischen Vorstellungswelt der germanisch-heidnischen Religion zuzuschreiben. Denn die Vision erinnert sehr stark an christliche Motive und an die eindrucksvollen Bilder des Jüngsten Gerichts. In dem in Strophe 65 angesprochenen mächtigen Gott, der auf die neu erstandene Welt kommt, glaubt man die Gestalt Christi erkennen zu können. (…) Aber dennoch besteht Übereinkunft darin, die Völuspá und ihren Dichter von verschiedenen Religionen und Kulturen beeinflusst zu sehen. Den erwähnten christlichen Elementen stellt sich eine Fülle vorchristlicher Motive und Figuren zur Seite."[12] Den Beweis tritt Arnulf Kraus nicht an; entsprechende Verweise auf Quelltextstellen, verbunden mit Erläuterungen, fehlen.

I.4. „Die Edda des Snorri Sturluson" (= Snorra-Edda = Prosa-Edda = Jüngere Edda)[13]

Wie bereits erwähnt, entstand Snorris Werk „Die Edda des Snorri Sturluson" wahrscheinlich zwischen 1220 und 1225. Eine *ursprüngliche* Handschrift von Snorri selbst ist jedoch *nicht* erhalten geblieben. Erst ca. 80 Jahre nach seiner Entstehung beginnt die Überlieferung seines Werkes. Davon existieren vier Handschriften:

1. Codex Upsaliensis (um 1300): älteste überlieferte Handschrift auf Pergament
2. Codex Regius der Snorra-Edda (um 1325): besterhaltene Fassung auf Pergament
3. Codex Wormianus (um 1350): auf Pergament
4. Codex Trajactinus (um 1600): auf Papier (Als Vorlage könnte eine Handschrift des 13. Jahrhunderts gedient haben.).[14]

Alle vier Handschriften enthalten die Bestandteile

– „Prolog" (altnordisch „Formáli"):

   Seine Funktion besteht darin, die Snorra-Edda in das christliche Weltbild des Mittelalters einzubauen. Der Prolog ordnet die von Snorri präsentierte heidnisch-nordische Weltanschauung in die griechisch-römisch geprägte mittelalterliche Gelehrsamkeit ein. Die germanischen Götter werden darin als menschliche Helden des Trojanischen Krieges dargestellt, die nach Trojas Untergang in den Norden wandern und dort als Könige aufgenommen werden. Der Titel AEsir (das altnordische Göttergeschlecht der Asen) wird auf Asia (das heutige Kleinasien) zurückgeführt; historische Personen werden so in mythischer Überhöhung zu Göttern gemacht (Euhemerismus). Auch die Vorfahren des west- und nordeuropäischen Adels stammen nach Snorri von trojanischen Helden ab, die aus Troja vertrieben wurden: z. B. Aeneas. Der Prolog dient auch dazu, die erzählten mythischen Geschichten der Gylfaginning (s. u. „Gylfis Täuschung") mit der antiken Mythologie zu verbinden, die das christlich-kirchliche Europa sehr mochte. Snorri geht es aber nicht nur darum, eine Herkunftsgeschichte der nordischen Götter zu schreiben. Er möchte in der Snorra-Edda vor allem die *Sprache* hervorheben, die einst Odin und die anderen Götter sprachen. Diese Sprache, die altisländische, empfindet Snorri wegen dieser Herkunft als edel und „geadelt". So kann er sie auf die gleiche Stufe setzen wie die von der Kirche geschätzten Sprachen Hebräisch, Griechisch und Latein - die Gelehrtensprachen des mittelalterlichen Europas. Der Prolog dient demnach auch der Rechtfertigung der isländischen Kultur angesichts der zunehmenden christlichen Dominanz aus Mitteleuropa.

– „Gylfis Täuschung" (altnordisch „Gylfaginning"):

   Dieser Teil der Snorra-Edda erzählt vom sagenhaften skandinavischen König Gylfi, der sich auf eine Reise zu den Göttern begibt, um von ihnen Wissen über den Kosmos zu erlangen. In einem Dialog zwischen fragendem Schüler und antwortendem Lehrer (im Mittelalter ein gängiges Stilmittel), der sich am Ende als Sinnes*täuschung* entpuppt, stellt Gylfi den Göttern Fragen zur nordischen Mythologie. „Gylfis Täuschung" enthält einen Überblick über die vorchristlich-heidnische Mythologie der nordgermanischen Kultur, mit deren Hilfe angehenden Skalden in der altisländischen Stabreimdichtung die Kenningar[15] nahegebracht werden

---

11 Lieder-Edda, S. 12
12 Lieder-Edda, S. 12
13 Vgl. Snorra-Edda, S. 251-266
14 Vgl. Snorra-Edda, S. 253 f.
15 Kenning, Plural Kenningar (altnordisch „kenna" für kennzeichnen): in der eddischen und in der Skaldendichtung auftretende poetische Umschreibungen von Begriffen in mehreren Wörtern. Da Kenningar einen Begriff bewusst verschlüsseln, sind die mythologischen Kenninga ohne

sollten. Die Beschreibungen und Erklärungen sind vermutlich nicht nordgermanisch, da die Snorra-Edda nach der Christianisierung entstanden sind und ein christlicher Einfluss als sehr wahrscheinlich erscheint.

Gylfis Täuschung ist der wichtigste Teil der Snorra-Edda, die am meisten Aufschluss gibt über die eddische Unterwelt.

- „Sprache der Dichtkunst" (altnordisch „Skáldskaparmál"):

  Es handelt sich um ein Stillehrbuch, in dem Snorri Theorie und Praxis der Skaldendichtung darstellt und die Regeln an Beispielen erläutert. Die Lieder der Skalden und die anonymen Götter- und Heldenlieder wurden jahrhundertelang mündlich überliefert. Snorri wollte diese Traditionen *schriftlich* fixieren, um sie zu bewahren.

- „Verzeichnis der Versarten" (altnordisch „Háttatal"):

  Es handelt sich dabei um ein Lobgedicht auf Snorris Freund, den Jarl Skúli Bardarson, und auf den norwegischen König Hákon IV., in dem alle damals bekannten altnordischen Versformen vorkommen.

Snorri Sturluson (1179-1241) stammte aus einer der angesehensten und mächtigsten Familien Islands und gehörte dem Geschlecht der Sturlungen an. Sie und andere Geschlechter der Häuptlingsoligarchie übten in Island die Macht aus. Seit der Beendigung der Besiedelung Islands durch die Skandinavier im Jahr 930 war Island eine Bauernrepublik mit einer Vormachtstellung der Goden, der großen Landbesitzer dort. Der Staat selbst kam mit nur wenigen Machtorganen aus:

- einige wenige regionale Gerichte
- Allthing (alljährliche zweiwöchige Versammlung der freien, waffenfähigen Männer unter freiem Himmel zur Ausübung der gesetzgebenden und richterlichen Gewalt)
- der Gesetzessprecher[16] (für drei Jahre vom Allthing gewählt).

Island war ein Land der Bauernhöfe - ohne Adel, Burgen und Städte - und bis 1262 noch von Norwegen unabhängig (1380 kam Norwegen selbst unter dänische Herrschaft.). Vor 1262 bestand allerdings schon eine kulturelle, politische und wirtschaftliche Abhängigkeit zwischen Island und Norwegen. Snorri gehörte damals zu den einflussreichsten Politikern und zu den hervorragendsten Gelehrten. Nach isländischem Brauch kam Snorri in seiner Jugendzeit zu einem Ziehvater auf den Hof Oddi, der als Hort isländischer Bildung galt. Hier wurde Snorri nicht nur mit den isländischen Traditionen, sondern auch mit christlich-kontinentaler Gelehrsamkeit bekannt gemacht. Snorri hatte mehrmals das Amt des Gesetzessprechers inne und pflegte hervorragende Beziehungen zum norwegischen Königshof, wo er sich auch längere Zeit aufhielt. Am Hofe König Hákons IV. gab es den einflussreichen Jarl (Graf) Skúli Bardarson, mit dem Snorri freundschaftlich verbunden war. Dieser Aufenthalt brachte ihn in unmittelbaren Kontakt mit der damaligen kontinentalen Philosophie und Literatur. Die enge Beziehung zum norwegischen Königshaus bedeutete für Snorri jedoch auch Gefahr; er geriet in den Konflikt zwischen isländischem Unabhängigkeitsstreben und norwegischen Eroberungsplänen. Hákon IV. ließ erst Skúli Bardarson, dann Snorri Sturluson ermorden.

I.5. Die Anzahl der eddischen Unterwelten

In der Edda werden zwei Unterwelten (im Sinne von Jenseitswelten) erwähnt, von der sich eine, die Unterwelt „Hel", unter der Weltesche Yggdrasil und eine andere, Walhall, die sich in der Götterwelt Asgard befindet – quasi als Unterwelt in der Oberwelt.

In der Edda nicht erwähnt (aber in der Skaldendichtung) ist eine weitere Unterwelt, nämlich die am Meeresboden des Meeres, das Midgard umgibt. Diese Unterwelt ist als „Rán" bekannt.

Es existieren in der Edda drei Zustände:

1. Zustand *vor* Ragnarök: Asgard (Götterwelt), Midgard (Menschenwelt), Udgard (Welt der Riesen), Hel, Rán, Walhall

---

Kenntnis des jeweiligen Mythos nicht zu enträtseln. Kenningar erschienen nicht eingeweihten Personen gekünstelt, riefen aber beim gebildeten Publikum ein Vorwissen an Mythen und Sagen wach. Vgl. Simek, S. 233 f.

16 Gesetzessprecher: Seine Aufgabe war es, jährlich ein Drittel der Gesetze zu rezitieren. Dazu stand er auf dem Gesetzesfelsen in der Allmännerschlucht auf Island. Durch die besondere Akustik in der Schlucht konnte man ihn weithin hören. Er war kein Richter. Jedoch leitete er die alljährlichen Allthingtreffen. Der Gesetzessprecher wurde für drei Jahre gewählt. Vgl. de.wikipedia.org/wiki/Lögsögumaður [gesehen am 15.04.2016]

2. Ragnarök: Weltuntergang und Entstehung der „neuen, grünen Welt"
3. Zustand *nach* Ragnarök: Gimle.

I.6. Die Unterwelt Hel *vor* Ragnarök

I.6.a) Die Lage und die Unterteilung von Hel

Hel bezeichnet in der (nord)germanisch-wikingischen Mythologie das Totenreich und ist somit der Aufenthaltsort der gleichnamigen Unterweltsgöttin Hel, die gleichzeitig eine Personifizierung des Totenreichs darstellt. Nach Hel kommen all diejenigen, die an Land[17] an Altersschwäche oder Krankheit gestorben sind. Für sie ist Hel nichts weiter als ein Aufenthaltsort, an dem sie jedoch nicht bestraft werden.

Die Unterwelt Hel liegt tief im Erdreich unter den Wurzeln des Weltenbaums Yggdrasil[18] verborgen, was auch die Herkunft de Wortes zeigt. Hel gehört nämlich gemeinsam mit gotisch[19] „halja" (Hölle), altenglisch[20] „hell" und althochdeutsch[21] „hella" zum Verbum althochdeutsch „helan" (verbergen). Unter dem Schattenreich, das den Toten als Aufenthaltsort dient, befinden sich *neun* weitere noch tiefer in die Erde ragende Welten. Die unterste wird als Niflhel (altnordisch[22] „dunkle Hel") oder auch Niflheim (altnordisch „dunkle Welt") bezeichnet. Beide Wörter sind verwandt mit dem altenglisch „nifol" (dunkel) und lateinisch „nebula". Dieser Teil der Unterwelt ist der Strafort, in den Eidbrecher und Mörder kommen.

Die Totengöttin Hel ist die Herrscherin über diese *neun* Welten. Die wichtigsten[23] davon sind Hel, Nastrand (altnordisch „Totenstrand") und der Fluss Hvergelmir (altnordisch „der brausende Kessel"[24]), an dem der Drache Nidhögg (altnordisch „der hasserfüllt Schlagende") lebt. Hel ist – wie bereits erwähnt – das Schattenreich, in dem *alle* Toten – außer Meineidige und Mörder – verbleiben. Letztere wandern durch die darunter befindlichen Welten Nastrand und Hvergelmir, bis sie schließlich in Niflheim ankommen. In diesen Welten werden die Toten bestraft und erleiden Qualen - wie im Tartarus (Strafort im Orcus) der Aeneis oder in Mictlan der Azteken.

In Nastrand zeigen alle Türen nach Norden und die ganze Umgebung ist mit der Haut von Schlangen ausgekleidet. Außerdem ist die Luft von giftigen Gasen erfüllt, und von der Deck tropft Gift.

In der Lieder-Edda heißt es: „Einen Saal sah sie stehen der Sonne fern am Nastrand, nach Norden die Tore gerichtet, Gifttropfen fallen durch die Dachöffnung, diese Halle ist umwunden von Schlangenrücken.[25]"

In der Snorra-Edda wird das Ganze folgendermaßen beschrieben: „In Nastrand ist ein großer übler Saal, und seine Türen gehen nach Norden. Es ist ganz aus Schlangenrücken geflochten wie ein Haus aus Flechtwerk. Aber alle Schlangenköpfe weisen ins Innere des Hauses und speien Gift, sodass Giftströme die Halle entlang fließen. Eidbrecher und Mörder durchschreiten diese Ströme (…).[26]"

Nidhögg, der Totendrache, trinkt das Blut der Nastrand-Verbrecher und zerreißt sie. Auch hier gibt es eine entsprechende Stelle in der Lieder-Edda: „Dort kommt der dunkle Drache geflogen, die glänzende Schlange, von unten,

---

17 An Land: im Gegensatz zu den im Meer Ertrunkenen.
18 Weltesche (altnordisch „Yggdrasil"): Weltenbaum, der in der nordischen Mythologie den gesamten Kosmos symbolisiert. Altnordisch „yggr" (Furcht, Schrecken, Schrecklicher), „drasill" (Pferd) oder altnordisch „yggia" (Eibe), „drasill" (stützen). Vgl. de.wikipedia.org/wiki/Yggdrasil [gesehen am 15.02.2016]
19 Gotisch: Die vom 3. Jahrhundert bis ca. 1800 gesprochene gotische Sprache gehört zu den ostgermanischen Sprachen. Das bekannteste Dokument, das in dieser Sprache geschrieben wurde, ist die Wulfila-Bibel, eine Übersetzung des Neuen Testaments ins Gotische. Vgl. de.wikipedia.org/wiki/Gotische_Sprache [gesehen am 15.02.2016]
20 Altenglisch (auch Angelsächsisch): die älteste Sprachform der englischen Sprache. Sie wurde bis in die Mitte des 12. Jahrhunderts von den Angelsachsen (Angel, Jüten, Sachsen), die sich ca. 450 in England ansiedelten. Das bekannteste Dokument in dieser Sprach ist das Beowulf-Epos, ein germanisches Heldenepos. Vgl. de.wikipedia.org/wiki/Altenglisch [gesehen am 15.02.2016]
21 Althochdeutsch: die älteste Sprachform des Hochdeutschen von ca. 750 bis ca. 1050. Das bekannteste Dokument in dieser Sprache ist der Codex abrogans, ein lateinisch-althochdeutsches Wörterbuch. Vgl. de.wikipedia.org/wiki/Althochdeutsch [gesehen am 15.02.2016]
22 Altnordisch: Sammelbezeichnung für die nordgermanischen (auch „nordische" oder „skandinavische") Sprachen, die von ca. 800 (Beginn der Wikingerzeit) bis ca. 1500 gesprochen wurde, und zwar in Dänemark, Norwegen, Schweden, im südlichen Finnland, auf den Orkney- und Shetland-Inseln, in Teilen Schottlands, Irlands, Mittelenglands, auf den Färöer-Inseln, Island und in Teilen Grönlands. Vgl. en.wikipedia.org/wiki/Altnordische_Sprache [gesehen am 15.02.2016]
23 Die restlichen Welten werden weder in der Snorra- noch in der Lieder-Edda genannt.
24 Die genaue Wortbedeutung ist jedoch lt. **Simek, Rudolf: Lexikon der germanischen Mythologie. Stuttgart 2006 [im Folgenden „Simek" genannt]**, S. 211, unbekannt: „(...) 'der brausende Kessel'? (…) bemerkenswert ist dabei, daß [sic] sonst Riesen Namen auf -gelmir tragen (…)."
25 Lieder-Edda, S. 24/Strophe 38
26 Snorra-Edda, S. 77, Strophe 52

von Nidafjöll[27], er trägt in den Flügeln – fliegt übers Feld – Niddhögg, Leichen – nun wird er versinken.[28]"

In der Snorra-Edda steht dazu: „Aber in Hvergelmir ist es am schlimmsten: Dort peinigt Nidhögg die Leichen der Verstorbenen.".[29]

Niflheim ist von Schnee und Eis bedeckt und die buchstäbliche Endstation von Meineidigen und Mördern.

I.6.b) Das Totengericht

Unterweltsrichter, wie in der Aeneis, sind in der Edda nicht genannt; auf sie kann verzichtet werden, denn derartige Entscheide werden bereits zu Lebzeiten von einem weltlichen Gericht, dem Thing[30] gefällt. Letzterer entscheidet in folgenden Fällen:

- Streitigkeiten: Duelle um Leben und Tod werden angesetzt, die als Gottesgericht galten. Die eigentlich Schuldigen wurden dabei nicht unbedingt bestraft; ein Unschuldiger konnte dabei allerdings sein Leben verlieren. Der Überlebende galt in jedem Fall zu Lebzeiten als unschuldig, auch wenn er tatsächlich schuldig war. Nur im Tod fand die letztendliche Aburteilung statt, indem er als Mörder oder Eidbrecher nach Nastrand, Hvergelmir und Niflheim kam. Richter gab es dafür in Hel nicht. In der Aeneis allerdings finden unschuldig Hingerichtete in einem bestimmten Bezirk des Orcus eine Bleibe; hier entscheidet Minos, ein Totenrichter, über den Lebenswandel und die Schuld eines unschuldig Hingerichteten.
- Totschlag, Mord und Körperverletzung: Geldbußen. Dafür gab es einen komplizierten Bußkatalog. In der Edda landen Mörder in Niflheim.
- Missachtung eines Thing-Urteils: Verbannung und Ächtung. Der Verbannte wurde für vogelfrei erklärt und konnte von jedermann getötet werden, es sei denn, der Verbannte konnte ins Ausland fliehen.

In der Lieder-Edda ist nur in einem Fall von einem Gericht die Rede. Nach Ragnarök[31] kommt es zu einem nicht näher definierten Gericht: „Dann kommt der Mächtige zum erhabnen Gericht, der Starke von oben, der alles lenkt."[32]

In der Snorra-Edda wird auch nur in einem Fall eine Art Gericht erwähnt, dem Hel angehört. Dabei geht es um den getöteten Gott Balder, den Hermodr, aus Hel holen wollte: „Hel meinte, daß [sic] man prüfen solle, ob Balder so beliebt war. Wie man es erzählt. Und wenn alle lebenden und toten Dinge in der Welt um ihn weinen, dann soll er zu den Asen[33] zurückkehren. Er bleibt jedoch bei Hel, sobald irgendjemand Einspruch erhebt oder ihn nicht beweinen will."[34]

Niflheim scheint allerdings eine Neuschöpfung des Snorri Sturluson zu sein, der eine der christlichen Hölle ähnlichen Ort darstellen wollte. „Da Hel ja nur Aufenthaltsort der Schatten, nicht aber Strafort ist, hat sich die Verstärkung Niflheims vielleicht Snorri als der christlichen Konzeption der Hölle näher angeboten."[35]

Wer jedoch in seinem Leben alle Regeln befolgt hatte, hatte nichts zu befürchten und durfte in Hel bleiben. Auffällig sind die Ähnlichkeiten Hels zum aeneischen Orcus. So gibt es auch hier verschiedene Unterweltflüsse, wie Gjöll[36] (altnordisch „der Brausende"), Slidr[37] (altnordisch „der Waffentragende"), Geirvimull[38] (altnordisch „der Speersprudler") und Vadgelmir (altnordisch „der Furtschreier"). Im Unterweltfluss Vadgelmir werden in der Lieder-Edda die Lügner bestraft. Vadgelmir (Bestrafung der Lügner) und Hvergelmir (Bestrafung der Meineidigen und Mörder) sind Flüsse, Hvergelmir ist darüber hinaus auch eine Teilunterwelt innerhalb der neunschichtigen

---

27 Nidafjöll (altnordisch „dunkle Berge"): Gebirge in Hel.
28 Lieder-Edda, S. 31, Strophe 66
29 Snorra-Edda, S. 78, Strophen 63, 64
30 Thing: altnordisch, neuisländisch (Amtssprache des heutigen Island) „Volksversammlung", „Gerichtsversammlung". Dänisch, schwedisch, norwegisch: ting. In den früheren Stammesgesellschaften Nordeuropas wurden Things regelmäßig (z. B. zu bestimmten Mondphasen) unter freiem Himmel abgehalten zum Zweck der politischen Meinungsfindung und zur Rechtsprechung. Als Teile des Namens von Parlamenten in Nordeuropa existiert das Wort heute noch: isländisches Parlament (Althing), dänisches Parlament (Folketing), norwegisches Parlament (Storting), Parlament der Färöer-Inseln (Løgting), Provinziallandtage Schwedens (Landsting). Das isländische Parlament Althing existiert seit 930 (Ende der Landnahme Islands durch norwegische Wikinger) und ist somit das älteste Parlament der Welt. Vgl. de.wikipedia.org/wiki/Thing [gesehen am 15.02.2016]
31 Ragnarök: Weltuntergang und Entstehung einer neuen Welt danach.
32 Lieder-Edda, S. 31, Strophe 65
33 Asen: In der Snorra-Edda wohnen zwölf Asen (Götter) im Götterhimmel Asgard. Sie herrschen über die Welt und die Menschen. Wie die Menschen sind sie sterblich. Zur Ragnarök kommen fast alle um.
34 Snorra-Edda, S. 70, Strophe 49
35 Simek, S. 301
36 Gjöll: Snorra-Edda
37 Slidr: Lieder-Edda
38 Geirvimull: Snorra-Edda

Gesamtunterwelt Hel. Zu welcher Teilunterwelt Vadgelmir gehört, wird in der Lieder-Edda nicht gesagt. „Die Vorstellung eines Jenseitsflusses als Strafort stammt sicherlich aus der christlichen Visionenliteratur[39] des Mittelalters, von wo die späte nordische Mythographie auch die Unterweltflüsse Slidr und Geirvimull bezog."[40]

I.6.c) Der Grenzfluss

Der Grenzfluss Gjöll bildet zusammen mit Helgrind (altnordisch „Zaun von Hel") die Grenze zwischen Midgard[41] und Hel. Gjöll wird überspannt von der Jenseitsbrücke[42] Gjallabrú, die „mit der Seelenbrücke[43] christlicher Visionen identisch sein dürfte."[44]. Bewacht wird Gjallabrú von der riesigen Magd Módgudr[45] (altnordisch „zorniger Kampf"), die Ähnlichkeiten zum Fährmann Charon in der Aeneis aufweist.

I.6.d) Die Bewohner Hels

In Hel lebt der Höllenhund Garm[46], der an den Eingang von Hel gefesselt ist und das Totenreich dort bewacht; er weist Ähnlichkeiten mit dem aeneischen Cerberus auf. „Snorri läßt [sic] ihn zu den Ragnarök gegen Tyr kämpfen, wobei beide den Tod finden. Aber dies dürfte erst Snorris Zutat sein. (…) dagegen ist es möglich, im Hund Garm eine andere Bezeichnung für den Fenriswolf zu sehen, wofür die Fesseln sprechen.".[47]

Ein ähnliches Ungeheuer wie Garm ist der Fenriswolf. Er ist zusammen mit der Midgardschlange[48] einer der Geschwister der Totengöttin Hel. Am Tag der Ragnarök, dem Weltuntergang, reißt sich der Fenriswolf von der letzten seiner drei Ketten los, die ihn an die Steinplatte Gjöll (gleicher Name wie der Fluss, aber nicht damit zu verwechseln) ketten und verschlingt Odin, den obersten Gott in der nordischen Mythologie.

Die Unterweltgöttin Hel und ihre Geschwister sind Kinder des listigen Gottes Loki und der Riesin Angrbodá. Snorri Sturluson beschreibt Hel in der Snorra Edda als halb schwarz, halb fleischfarben sowie als dunkel und zornig. Sie war zusammen mit ihren Geschwistern aus Asgard, dem Götterhimmel, verbannt worden, da die Götter die Weissagung erhalten hatten, dass ihnen am Tag der Ragnarök Unheil von ihnen drohe.

Die Midgardschlange wurde daher ins Meer geworfen, die Göttin Hel und der Fenriswolf werden in die Unterwelt verbannt[49]. Die Verbannung Hels und des Fenriswolfs in die Unterwelt zeigt, dass diese nicht nur dazu dient, einen Aufenthaltsort für die Toten zu schaffen, sondern auch um unerwünschte Konkurrenten loszuwerden. In der Snorra-Edda wird dies wie folgt geschildert: „Und sie [die Götter] erfuhren durch Weissagung, daß [sic] ihnen von den Geschwistern großes Unglück widerfahren würde, und es schien allen, von ihnen nur das Schlechteste erwarten zu können (…). Da sandte Allvater [Odin] die Götter aus, um diese Kinder zu ergreifen und sie mitzubringen. Als sie zu ihm kamen, warf er die Schlange in das tiefe Meer, das sich um das ganze Land erstreckt. Aber die Schlange wuchs so sehr, daß [sic] sie mitten im Meer um alle Länder herumliegt und sich in den eigenen Schwanz beißt. Hel verbannte er nach Niflheim und gab ihr die Herrschaft über neun Welten. Denn sie sollte alle Wohnstätten mit denen teilen, die zu ihr

---

39 Visionsliteratur: „Die Gattung der Visionsliteratur umfasst zunächst sämtliche schriftlich festgehaltenen visionären Erlebnisse. Diese Erlebnisse können religiös und nichtreligiös sein. (...) Ihre Blüte erlebte die Visionsliteratur im Mittelalter. (…) Inhaltlich handeln die Visionen vor dem 12. Jahrhundert überwiegend von Strafen oder Belohnungen, die die Seele im Jenseits erwarten. " In: de.wikipedia.org/wiki/Visionsliteratur [gesehen am 10.03.2016]

40 Simek, S. 454

41 Midgard: Welt der Lebenden.

42 Jenseitsbrücke: „Die Jenseitsbrücke kommt in vielen Variationen in den Visionen seit dem Frühmittelalter vor. Sie fungiert in vielen Fällen als Urteils- oder Probebrücke für die Seelen und kann dabei auch den unerwünschten paradiesischen Regionen und den Straforten darstellen. Dabei wechselt oft nicht nur ihr Aussehen (z. B. mit Nägeln gespickt), sondern auch der sich unter ihr befindende Grund (z. B. brennender Fluss, Feuergrube, Hölle, Fegefeuer). (…) Außerdem kann festgehalten werden, dass die Jenseitsbrücke als Motiv nicht nur innerhalb des Christentums, sondern auch in den Jenseitsvorstellungen des Iran und des Islam vorkommt." In: de.wikipedia.org/wiki/Visionsliteratur [gesehen am 28.02.2016]

43 Seelenbrücke: s. Jenseitsbrücke

44 Simek, S. 178

45 Simek, S. 286: „(...) da dieses Mädchen Modgudr sonst nirgends belegt ist, dürfte es sich nur um eine Zutat Snorris in der Erzählung von Hermods Ritt nach Hel handeln (...)."

46 Simek, S. 127, gibt keine Wortdeutung an.

47 Simek, S. 127

48 Midgardschlange: Wie Hel und der Fenriswolf ist die Midgardschlange ein Kind des Gottes Loki. Sie lebt im die Welt umgebenden Urozean, umspannt mit ihrem Körper die Welt und beißt sich in ihren eigenen Schwanz. Sie wird zur Ragnarök von Thor mit seinem Hammer (Mjöllnir) getötet, der seinerseits kurz danach durch das Gift der Midgardschlange stirbt. Sie wird in der Snorra-Edda (S. 41, Strophe 31) erwähnt: „Angrbodá (…); mit ihr hatte Loki drei Kinder: Eines war (…) die Midgardschlange (…)."

49 In der Aeneis werden die Titanen in den Orcus, und dort sogar auf ewig in den Strafort Tartarus verbannt, weil sie sich bereits gegen die Götter aufgelehnt hatten. Die Midgardschlange und der Fenriswolf werden „vorsorglich" nach Hel verbannt, weil die Götter durch Weissagung erfahren hatte, dass ihnen durch die drei Geschwister großes Unheil drohe.

geschickt wurden, und das sind Menschen, die an einer Krankheit und an Altersschwäche sterben. Sie besitzt dort einen großen Hof, und ihre Zäune sind außergewöhnlich hoch, mit großen Gittertüren. (…) Den Wolf [Fenriswolf] behielten die Asen bei sich, (…) und als alle Weissagungen sagten, er werde ihnen Verderben bringen, da faßten [sic] die Asen den Entschluß [sic], eine überaus starke Fessel zu machen, die sie Löding nannten.“[50]

Hels Wohnung wird in der Snorra-Edda wie folgt beschrieben: „(…) dann gibt er [Snorri Sturluson] eine in christlicher Tradition stehender allegorische Beschreibung ihrer [Hels] Wohnung [Eliudnir].[51]“ „Eliudnir“ [altnordisch „die Feuchte“] heißt ihre Halle, Hunger ihre Schüssel, Hungersnot ihr Messer, Ganglati [altnordisch „der Lahme“] heißt ihr Knecht, Ganglöt [altnordisch „die Faule“] ihre Magd, Fallgefahr ist die Türschwelle, über die man eintritt, Krankenlager heißt das Bett, Funkelnder Schaden ihr Bettvorhang. Zur einen Hälfte ist sie schwarz, aber zur anderen von Fleischfarbe; deshalb ist sie leicht zu erkennen und eher düster blickend und grimmig.“[52]

Die Attribute von Hels Wohnung Eliudnir finden in der Aeneis ihre Entsprechung bei der Beschreibung des Vorraums, der den Eingang vom Abstieg ins Totenreich trennt. Hels Hunger bzw. Hungersnot sowie Krankenlager stehen in der Aeneis Fames, der Hunger, und Morbus, die Krankheit, gegenüber.

Simek äußert die Vermutung, dass die Totengöttin Hel erst in christlicher Zeit dazugekommen ist[53]. Den Beweis dafür tritt er allerdings in seinem Lexikon der germanischen Mythologie nicht an und wäre Gegenstand einer gesonderten Untersuchung.

Nidafjöll bezeichnet in der Lieder-Edda ein Unterweltgebirge, von wo der Drache Nidhögg kommt. In der Snorra-Edda ist es jedoch *nach* Ragnarök ein paradiesartiger Ort: „Bei Snorri sind die N. [Nidafjöll[54]] gleichbedeutend mit den Nidavellir [altnordisch „die dunklen Felder“] (…) [in der Lieder-Edda[55]]. Nach seinen Angaben befindet sich dort der goldene Palast namens Sindri, was aber auf einem Mißverständnis [sic] beruht, denn (…) [in der Lieder-Edda] ist der Palast der Wohnort von Sindris Geschlecht, also den Zwergen. Laut Snorri werden diesen Palast nach Ragnarök, in der neuen Welt, die guten und tugendhaften Menschen bewohnen. Diese für Snorri problemlose Umdeutung zu einem paradiesartigen Ort (…) zeigt, daß [sic] die nord. Jenseitsgefilde (wie Nidafjöll, Nidavellir, Glaesisvellir […] nie als Straforte im Sinne der christlichen Hölle verstanden wurden.“[56]

I.6.e) Das Schiff Naglfar

Des weiteren existiert in Hel Naglfar (altnordisch „Nagel-Schiff“, „Toten-Schiff“), welches aus den Finger- und Fußnägeln der Toten besteht. Es darf nicht (!) als Transportmittel für Tote – wie Charons Fähre in der Aeneis – verstanden werden. Es befindet sich nur deshalb in Hel, weil für seinem Bau die unbeschnittenen Nägel der Toten gebraucht werden. Naglfar soll deshalb nicht aus Holz gezimmert werden, weil so sein Bau - und damit die Ragnarök - hinausgezögert werden soll; am Tag der Ragnarök werden nämlich mit Naglfar die Musspellssöhne als Verstärkung der Mächte der Unterwelt zum Kampf gegen die Götterwelt herangeführt. Damit beim Bau des Schiffes nicht so viel Nagelmaterial vorhanden ist (denn Ragnarök soll hinausgezögert werden), werden den Toten in Midgard (= Menschenwelt) vor der Bestattung die Nägel gestutzt. Naglfar dient also einem zwiefachen Zweck als Charons Kahn, der zudem nicht aus Nägeln, sondern Binsengeflecht besteht.

I.7. Die „Unterwelt“ Walhall in der Götterwelt Asgard *vor* Ragnarök

Walhall kommt von altnordisch „Vallhöll“. Es setzt sich aus folgenden Wörtern zusammen: „vallr“ (die am Schlachtfeld Gefallenen) und „höll“ (Halle).

Es ist somit eine Art von Unterwelt, in der die toten Krieger (altnordisch „Einherir“) von Odin in seiner Halle in Asgard, dem Götterhimmel, aufgenommen und bewirtet werden. Stirbt ein Krieger auf dem Schlachtfeld, wird er zunächst von den Walküren[57] am Schlachtfeld geborgen und dann zum Ort Gladsheimr in Asgard gebracht, wo Walhall liegt. Das

---

50 Snorra-Edda, S. 41, Strophe 34
51 Simek, S. 179
52 Snorra-Edda, S. 41, Strophe 34
53 Vgl. Simek, S. 179: „Insgesamt spricht nichts für die Annahme dieser Göttin in vorchristlicher Zeit.“
54 Vgl. Snorra-Edda, S. 77, Strophe 61: „Auch ein guter Saal, der auf Nidafjöll steht, ist aus rotem Gold erbaut; er heißt [sic] Sindri. In diesen Hallen sollen sich wackere und Männer guter Sitte aufhalten.“
55 Vgl. Lieder-Edda, S. 23, Strophe 37: „Im Norden stand in Nidawellir [sic] ein Saal aus Gold, von Sindris Geschlecht (…).“
56 Simek, S. 299
57 Walküren: ursprünglich Totendämonen, dann selbst Kriegerinnen

Dach der riesigen Halle wird aus sich überlappenden Rundschilden gebildet und mit langen Speeren gestützt. Darunter befindet sich eine lange Tafel, an der Odin die Gefallenen mit dem Fleisch des <u>Ebers Saehrímnir</u> bewirtet. Das Fleisch wird vom <u>Koch Andhrímnir</u> im <u>Kessel Eldhrímnir</u> zubereitet. Das Besondere an diesem Eberfleisch ist, dass es sich ständig erneuert und erneut zum Verzehr zur Verfügung steht. So wird gewährleistet, dass auch alle Einherier satt werden. Dazu wird den Kriegern <u>Met</u> gereicht, der aus dem Euter der <u>Ziege Heidrun</u> fließt. Letztere steht auf dem Dach von Walhall und ernährt sich vom Laub der Weltesche Yggdrasil. Odin isst nichts und trinkt nur Wein. Mit seinem Essen füttert er seine Wölfe Geri und Freki.

Tagsüber ziehen die Einherier durch die 540 Tore aus (Eines davon ist wohl auch das <u>Tor Walgrind</u>, durch das die Gefallenen nach dem Tod auf dem Schlachtfeld einziehen.), um gegeneinander zu kämpfen. Aber am Abend versammeln sich alle wieder zum Mahl in Walhall. Odin schart die Einherier deshalb um sich, weil er am Tag der Ragnarök eine schlagkräftige Armee braucht, die gegen die dunklen Mächte aus der Unterwelt Hel kämpfen soll. Daher veranstalten die Walhall-Krieger turnierähnliche Übungskämpfe, um für die Ragnarök gerüstet zu sein.

In der Snorra-Edda heißt es dazu: „Da sprach Gangleri: 'Du sagst, dass alle Männer, die seit Anfang der Welt im Kampf gefallen sind, nun zu Odin nach Walhall gekommen sind. Was hat er ihnen an Speise zu bieten? Ich meine dort müßte [sic] doch eine große [sic] Menschenmenge sein.' - Darauf antwortete der Hohe: 'Richtig ist, was du sagst. Eine riesige Menge an Volk ist dort, und es werden noch viel mehr. Und doch wird sie zu klein scheinen, wenn der Wolf [Fenriswolf, der an Ragnarök Odin verschlingt.] kommt. Aber niemals sind so viele Menschen in Walhall, daß [sic] das Fleisch des Ebers, der Särimnir [sic] heißt, nicht für sie riechen sollte. Er wird jeden Tag gekocht und ist am Abend wieder unversehrt. Aber diese Frage, die du jetzt stellst, erscheint mir derart, daß [sic] nur wenige so klug sind, darüber Wahres sagen zu können. Andhrimnir [sic] heißt der Koch, Eldhrimnir [sic] der Kessel.' (...) Dazu meinte Gangleri [sic]; 'Hat Odin dieselbe Speise wie die Einherier?' - Der Hohe sprach: 'Die Speise, die auf seinem Tisch steht, gibt er den beiden Wölfen, die ihm gehören und die Geri und Freki heißen. Er aber braucht keine Speise. Wein ist ihm sowohl Mahl als auch Trank.' (...) Da sprach Gangleri: 'Was haben die Einherier zu trinken, das ihnen genauso reichlich ist wie die Speise, oder wird dort Wasser getrunken?' - Der Hohe sagte: 'Sonderbar fragst du jetzt, als ob Allvater König zu sich einlade und Jarle[58] und andere mächtige Männer und ihnen Wasser zu trinken gebe. Und das glaube ich, daß [sic] mancher nach Walhall kommt, dem es teuer erkauft schiene, Wasser zu trinken, wenn er dort nicht von einem besseren Willkommen wüßte [sic], wo er doch vorher Wunden erlitten und Todeshiebe empfangen hat. Anderes kann ich dir davon berichten. Die Ziege mit dem Namen Heidrun steht oben auf Walhall und frißt [sic] Blätter von den zweigen des Baumes, der sehr berühmt ist und Yggdrasil heißt. Aber aus ihrem Euter fließt der Met, den sie jeden Tag in ein großes Gefäß füllt. Das ist so viel, daß [sic] alle Einherier davon genug zu trinken haben.' (...) Gangleri sprach: 'Eine ungeheuer große Menschenmenge ist in Walhall. Wahrhaftig ist Odin ein überaus mächtiger Herrscher, wenn er solch einem großen Heer befiehlt. Aber welchen Zeitvertreib haben die Einherier, wenn sie nicht trinken?' - Der Hohe sagte: Jeden Tag, wenn sie sich angekleidet haben, legen sie ihre Rüstung an und gehen hinaus in den Hof. Sie kämpfen und schlagen sich gegenseitig nieder. Das ist ihre Kurzweil. Und wenn die Frühstückszeit naht, reiten sie heim nach Walhall, wo sie sich zum Trank niedersetzen (...)."[59]

Nach einer anderen Variante bezeichnet <u>Walhall</u> allerdings keine Totenhalle, sondern einen Berg, in dem die Gefallenen weiterleben. Damit könnten Grabhügel gemeint sein, wie Simek sagt: „Vielleicht ist der Walhallglaube aus der Vorstellung vom Weiterleben der Toten in Hügeln und Bergen entstanden (→ Grabhügel), so wie es Sagas des 13. Jahrhundert beschreiben, wo Tote in Bergen bei ihren Vorfahren feiernd erblickt werden."[60]

In der Neuzeit hat Walhall die Bedeutung einer Ehrenhalle für auserwählte Tote, wie die von Leo von Klenze von 1830 bis 1847 für Ludwig I. von Bayern erbaute Walhalla bei Regensburg, welche Portraits von großen deutschen Berühmtheiten enthält. Auch Wagners Walhall-Bild in seiner Oper „Der Ring der Nibelungen" bezieht sich auf die nordische Mythologie.

I.8. Die Unterwelt Rán am Meeresboden *vor* Ragnarök

Rán ist das <u>Totenreich am Grund des Meeres</u>, das von der gleichnamigen Göttin Rán beherrscht wird, die wiederum die Frau des Meeresgottes Ägir ist. Letzterer verkörpert das Meer als freundliche Macht, als handels- und Verkehrsmöglichkeit. Rán indessen stellt die mörderische Seite des Meeres dar. Nicht umsonst wird deshalb in den Sagas das Wort „ertrinken" gerne mit „der Rán in die Hände fallen" umschrieben. Rán als Unterwelt ist somit der Ort,

---

58 Jarl: einflussreicher Berater am norwegischen Königshof. Der Isländer Snorri war selbst mit dem Jarl Skúli freundschaftlich verbunden. Island war zwar zu Snorris Zeit noch von Norwegen unabhängig, es bestand aber eine kulturelle, politische und wirtschaftliche Abhängigkeit vom Königreich Norwegen. Erst 1262 kam Island unter norwegische Herrschaft. Norwegen gerät 1380 unter dänische Herrschaft. Vgl. de.wikipedia.org/wiki/Jarl [gesehen am 15.03.2016]
59 Snorra-Edda, S. 48, Strophen 38, 39, 41
60 Simek, S. 482

an den die auf hoher See Ertrunkenen kommen. Die Göttin Rán ist außerdem die Mutter der Ägir-Töchter, welche die Meereswellen symbolisieren. Nicht ganz geklärt ist jedoch die Herkunft des Namens Rán. Vermutlich bedeutet er „Räuberin". Snorri erwähnt Rán in seiner Snorra-Edda allerdings nicht; sie taucht *lediglich* in den Sagas[61] auf.

I.9. Der Weltuntergang Ragnarök

Sowohl dem Totenort Hel als auch dem Totenort Wahlhall fallen an Ragnarök entscheidende Aufgaben zu. So sorgen die beiden Wohnstätten der Toten für ein ausgewogenes Kräftegleichgewicht innerhalb des (nord)germanisch-wikingischen Kosmos. Die Toten aus der Menschenwelt Midgard, die nach Hel kommen, dienen dabei als Instrument, um die dort hausenden Ungeheuer zu beschäftigen und Odin in Asgard genug Zeit zu verschaffen, in Walhall eine große Zahl von Kriegern (Einherier) zu versammeln, mit denen er sich am Weltuntergang Ragnarök gegen die Mächte der Unterwelt verteidigen kann. Hel und Walhall stehen somit in enger Verbindung zueinander und halten die mythische Welt bis Ragnarök im Gleichgewicht.

Ragnarök (altnordisch „Endschicksal der Götter") bezeichnet den Weltuntergang in der altnordischen Mythologie. Dieser Untergang betrifft *sowohl* Menschen *als auch* Götter, da letztere ebenfalls sterblich sind – im Gegensatz zur Aeneis, in der die Götter *unsterblich* sind. Wie in der Aeneis haben sie jedoch menschliche Eigenschaften; sie haben durch Verbrechen und Kriege Schuld auf sich geladen. An Ragnarök werden sie schließlich dafür bestraft.

Ragnarök wird durch eine Reihe von Naturkatastrophen eingeleitet. Zuerst setzt der Fimbulwinter ein, darauf folgt der vom Feuerriesen Surt entfachte Weltenbrand, der die ganze Welt vernichten wird. Darauf versinkt die Erde in dem von der Midgardschlange aufgepeitschten Meer. Schließlich verschlingt der Fenriswolf die Sonne und verdunkelt den Himmel. Außerdem erzittert die Weltesche Yggdrasil und bringt den Kosmos aus dem Gleichgewicht. Die Mächte der Unterwelt bedrohen nun die Götter und steigen zu Asgard empor. Odin und die Einherier kämpfen zusammen gegen den Fenriswolf. Letzterer verschlingt zuerst die Einherier und dann Odin, der jedoch vom Asen Vidarr gerächt wird; letzterer reißt dem Wolf den Unterkiefer ab. Der Donnergott Thor tötet die Midgardschlange, fällt aber nach *neun* Schritten – vom Gift der Schlange getroffen – selbst zu Boden. Der Fruchtbarkeitsgott Freyr kämpft mit Surt und stirbt, da ihm seine Schwert zur Verteidigung fehlt. Der Höllenhund Garm und der Kriegsgott Tyr töten sich gegenseitig, genauso wie der Gott Loki (ohne besondere Aufgaben im Götterhimmel) und der Asgardwächter Heimdall. Schließlich haben sich die Gottheiten von Asgard und Hel gegenseitig vernichtet und die alte Welt mit ins Unglück gestürzt.

Bald steigt jedoch eine neue, *gereinigte* Welt aus dem Meer *mit* den *überlebenden Menschen* und den *überlebenden Göttern* Vidarr, Váli, Módi und Magni. In der Snorra-Edda wird Ragnarök folgendermaßen beschrieben: „Der Hohe sagte: 'Viele wichtige Begebenheiten sind darüber zu erzählen. Zuerst die, daß [sic] der Winter kommt, der Fimbulwinter genannt wird. Dann treibt Schnee aus allen Himmelsrichtungen heran. Es herrschen starker Frost und scharfe Winde, die Sonne scheint nicht mehr. Es gibt drei solcher Winter hintereinander und keinen Sommer dazwischen. Aber vorher kommen drei andere Winter, in denen über die ganze Welt Schlachten toben. Dann erschlagen sich Brüder gegenseitig aus Habsucht, und keiner schont Vater oder Sohn im Gemetzel und beim Verwandtenmord. (...) Dann geschieht das, was als ungeheure Begebenheit gilt, nämlich, daß [sic] der Wolf die Sonne verschlingt, und den

Menschen erscheint dies als großer Schaden. Danach packt der andere Wolf[62] den Mond und bewirkt ebenso großes Unheil. Die Sterne verschwinden vom Himmel. Zu diesen Ereignissen gehört auch, daß [sic] die ganze Erde wie die Berge beben [sic], so daß [sic] die Bäume aus dem Boden herausgerißen [sic] werden. Aber die Gebirge stürzen zusammen, und alle Fesseln und Bande brechen und reißen. Dann kommt der Fenriswolf frei. Das Meer überschwemmt das Land, weil sich die Midgardschlange im Riesenzorn herumwälzt und an Land kriecht (...). Und der Fenriswolf kommt mit aufgerißenem [sic] Maul herangestürmt, der untere Kiefer berührt die Erde, der obere den Himmel. Er würde sein Maul noch mehr aufsperren, wenn Platz dafür wäre. Flammen kommen aus seinen Augen und den Nüstern. Die Midgardschlange speit soviel Gift, daß [sic] es die ganze Luft und die Gewässer erfüllt. Auch sie ist furchterregend und steht dem Wolf zur Seite. (...) Surt kommt zuerst, vor ihm wie hinter ihm brennt Feuer. (...) Die Esche Yggdrasil wankt, nichts am Himmel wie auf der Erde ist ohne Furcht. Die Asen und alle Einherier rüsten sich und

---

61 Vgl. Simek, SS. 357: „Saga (altnord. Saga, Pl. Sögur), allgemeine Bezeichnung für längere isländ. Prosawerke. Die ältesten S.s [sic] wurden um 1200 aufgezeichnet, ihre Blüte erlebte die S.schreibung im 13. und 14. Jh. (...) [Es] finden sich in den S.s zahlreiche Hinweise auf die german. Religion. Da die S.s [sic] jedoch keineswegs immer, wie früher meist angenommen, auf einer ungebrochenen mündlichen Tradition über drei Jahrhunderte beruhen, sind ihre Aussagen zur heidnischen german. Religion, sowie sie nicht aus anderen Quellen erhärtet werden können, nur mit Vorsicht heranzuziehen."

62 Vgl. Simek, S. 99: „Aber noch zwei andere Wölfe werden bei den Ereignissen um die Ragnarök erwähnt, von denen einer die Sonne, der andere den Mond verschlingt, die (...) [Lieder-Edda] erwähnt sie nicht, Snorri nennt sie am Beginn der Ragnarök [in der Snorra-Edda]. (...) [In der Snorra-Edda] erwähnt er einen Wolf Managarmr ('Mondverschlinger') aus dem Eisenwald, denselben, den die (...) [Lieder-Edda] Fenrir nennt; kurz zuvor gibt es den Wölfen, die Sonne und Mond verfolgen, den Namen Hati und Sköll. Es dürfte sich bei all diesen Wölfen nur um Fenrir handeln; die verschiedenen Namen gehen wohl auf Snorris übertriebene Systematisierungsversuche zurück."

ziehen auf das Feld. Als erster reitet Odin (...). Er dringt gegen den Fenriswolf vor, und Thor steht ihm zur Seite. Aber er kann ihm nicht beistehen, denn er kämpft heftig mit der Midgardschlange. Freyr trifft auf Surt, und es entwickelt sich ein harter Kampf, ehe Freyr fällt. Sein Tod wird, daß [sic] er sein gutes Schwert vermißt [sic] (...). Dann kommt auch der Hund Garm frei (...). Er ist das furchtbarste Ungeheuer und kämpft gegen Tyr, und sie werden sich gegenseitig töten. Thor erschlägt die Midgardschlange und läuft noch neun Schritte weit. Dann fällt er wegen des Giftes, das die Schlange auf ihn bläst, tot zur Erde. Der Wolf verschlingt Odin, was dessen Tod ist. Aber gleich darauf stürmt Vidarr vor (...). Mit einer Hand packt Vidarr dann den Oberkiefer des Wolfes und reißt sein Maul entzwei. Das bringt ihm den Tod. Loki kämpft mit Heimdall, und sie töten sich gegenseitig. Schließlich schleudert Surt Feuer über die Erde, und die ganze Welt brennt.“[63]

I.10. Die Zeit *nach* Ragnarök

Wie bereits oben erwähnt, steigt nach Ragnarök eine neue, grüne Welt aus dem Meer. Die beiden überlebenden Götter Vidarr und Váli leben in dieser neuen Welt auf Idawöl, dem früheren Asgard. Zu ihnen gesellen sich Thors Söhne Módi und Magni; beide sind nun Besitzer von Thors Hammer Mjöllnir. Auch Baldr und Hödr kommen aus Hel hinzu. Die Unterwelt Hel *existiert* auch nach Ragnarök *weiter*. Hel ist indessen ohne Wächter, sodass Baldr und Hödr ohne Hindernisse zurückkehren können. Nach Ragnarök wird das weiter oben bereits beschriebene Sindri von allen guten und tugendhaften Menschen bewohnt – trotz der Nähe zu Hel.

Die Glaesisvellir (altnordisch „die glänzenden Gefilde“) - wie die bereits weiter oben beschriebenen Nidafjöll – beschreiben einen paradiesartigen Ort. Diese Gefilde werden oft mit Glasir gleichgesetzt, einem magischen Hain vor den Toren Walhalls. „Das Konzept einer derartigen Paradieslandschaft ist kaum heidnisch-germanisch, sondern scheint durch die mittelalterliche christliche Literatur beeinflußt [sic] zu sein.“[64]

In der neuen Welt existiert auch Gimle, eine in Gold gedeckte Halle, in der die rechtschaffenen Menschen *für immer* leben.

In der Snorra-Edda ist alles so beschrieben: „Dazu sagte Gangleri: 'Leben dann noch irgendwelche Götter, und gibt es noch eine Erde und einen Himmel?' - Der Hohe sagte: 'Die Erde steigt aus dem Meer empor, und sie ist grün und herrlich. Das Getreide wächst von selbst. Vidarr und Váli leben, weil ihnen weder das Meer noch Surts Flammen geschadet haben. Sie wohnen auf Idawöl, dort, wo vorher Asgard war, und dorthin kommen Thors Söhne, Modi [sic] und Magni, die Mjöllnir haben. Dann kommen Balder [sic] und Höd [sic] von Hel.“[65]

Gimle wird wie folgt beschrieben: „Da meinte Gangleri: 'Was geschieht danach, wenn die ganze Welt verbrannt ist und alle Götter tot sind und alle Einherier und die ganze Menschheit.

Habt ihr nicht vorher gesagt, daß [sic] jeder Mensch in irgendeiner Welt für alle Zeiten leben wird?' - Darauf antwortete der Dritte: Es gibt viele gute Aufenthaltsorte und viele schlechte. Am besten es ist, in Gimle im Himmel zu sein.“[66]

Simek meint dazu: „Nach Snorri ist Gimle jedoch ein himmlischer Ort, in dem die guten Menschen nach ihrem Tod wohnen werden (...) und liegt im dritten Himmel (...) unerreichbar für Surts die Welt vernichtenden Weltenbrand (...), und ist zunächst nur von Lichtalben bewohnt. Diese Darstellung ist zweifellos aber stark christlich geprägt; darauf deuten nicht nur die drei Himmel, deren oberster von Lichtalben[67] (= Engeln?) bewohnt ist, sondern Snorri hat auch die Ragnarök in der (...) [Lieder-Edda] als jüngstes Gericht aufgefaßt [sic], das über Verdammnis oder Rettung der Menschen entscheidet.“[68]

---

63 Snorra-Edda, SS. 73, Strophen 50 f.
64 Simek, S. 140
65 Snorra-Edda, S. 78, Strophe 53
66 Snorra-Edda, S. 77, Strophe 52
67 Alben = Elben = Elfen: Naturgeister. Es gibt Licht-, Dunkel-, und Schwarzalben.
68 Simek, S. 136

II Die Aeneis

II.1. Das Heldenpos und der Gründungsmythos des Römischen Reiches

Die Aeneis ist die von Publius Vergilius Maro[69] auf der Grundlage früherer Überlieferungen gestaltete Heldensage von der Flucht des Aeneas aus Troja und seinen Irrfahrten, die ihn schließlich nach Latium in Italien führt, wo er zum Stammvater der Römer wird. Die Aeneis ist also einer der Gründungsmythen des Römischen Reiches. Das Epos, an dem Vergil zwischen 29 v. Chr. und seinem Tod 19 v. Chr. arbeitete, besteht aus zwölf Büchern mit insgesamt ca. 10'000 Hexameter-Versen.

II.2. Die Motive der Katabasis: Vision des Aeneas sowie Weissagungen des Anchises und der Sibylle

Maßgebend für die Beschreibung der römischen Unterwelt sind Passagen im 5. Buch sowie das gesamte 6. Buch. Aeneas' Vater Anchises erscheint Aeneas im 5. Buch in einem Traum und ermahnt Aeneas – auf Geheiß Jupiters – *nach Italien weiterzufahren*, weil Aeneas es erwogen hatte, sich nach den Irrfahrten endlich in Sizilien niederzulassen. Anchises kündigt ihm in Italien Kämpfe mit den Latinern an. Vorher solle er aber in die Unterwelt hinabsteigen (Abstieg in die Unterwelt = Katabasis) und ihn dort aufsuchen damit er ihm noch mehr über seine künftiges Schicksal und über die Gründung eines neuen Geschlechts sagen kann.

„Es war ihm sodann, als sei die Gestalt seines Vater Anchises vom Himmel herabgeglitten, (…) und lasse die Worte vernehmen: 'Mein Sohn (…) auf Geheiß Iuppiters[70] komme ich hierhin (…). (…) ausgewählte Männer (…) führe hin nach Italien. Ein hartes Volk (…) musst du in Latium[71] überwinden. Zuvor jedoch betritt die unterirdische Behausung des Dis[72] und suche über die Tiefe des Avernus[73], mein Sohn, die Begegnung mit mir. Denn nicht umschließt mich der verruchte Tartarus[74] mit seinen traurigen Schatten, sondern bei den Scharen der Frommen wohne ich im anmutigen Elysium[75]. Hierhin wird die keusche Sibylle[76] dich führen (…). Dann wirst du dein ganzes Geschlecht und deine zukünftige Stadt kennenlernen. (…)'"[77]

Die Sybille von Cumae prophezeit: „Kämpfe, schreckliche Kämpfe sehe ich und den Tiber schäumen von reichlichem Blut. (…) ein zweiter Achilles ist schon in Latium geboren, auch er Sohn einer Göttin (…)."[78]

„Mit solchen Worten (…) verkündet die cumäische Sibylle[79] erregende Rätselworte (…)."[80]

Dann bittet Aeneas die Sibylle von Cumae, ihn in den Orcus zu begleiten: „Um eines nur bitte ich dich: Hier ist doch (…) das Tor des Herrschers der Unterwelt und der finstere Sumpf, wo der Acheron[81] hervortritt; möge es mir gelingen, dem teuren Vater Auge in Auge gegenüberzutreten; ich hoffe, du lehrst mich den Weg und öffnest die heilige Pforte."[82]

Die Sibylle von Cumae antwortet Aeneas: „(...) Sohn des Anchises, leicht ist der Abstieg zum Avernus: Tag und Nacht steht die Pforte des finsteren Dis offen (…). (…) Den ganzen Bereich schließen Wälder ein, Cocytus[83], finster sich schlängelnd, umfließt sie. Wenn aber so große Liebe dich beseelt, (…) so vernimm, was vorab zu vollbringen ist. An einem schattigen Baum harrt verborgen ein Zweig, von Gold sind Blätter und biegsamer Stängel [sic], heilig heißt er

---

69 Deutsch gewöhnlich Vergil, spätantik und mittellateinisch Virgilius. Geb. 70 v. Chr. bei Mantua, gest. 19 v. Chr. In Brindisi.

70 Jupiter (lateinisch „Iupiter", altgriechisch „Zeus"): oberster Herrscher der römischen Götter.

71 Latium: italienische Region, in der sich Rom befindet.

72 Orcus: einer der Namen für den Gott der Unterwelt. Andere Namen sind „Pluto" und „Dis Pater", kurz auch nur „Dis".

73 Averner See (Eingang zur Unterwelt). Der Lago d'Averno existiert tatsächlich in der Nähe von Neapel. Es handelt sich um einen Kratersee in der italienischen Region Kampanien bei Cumae (italienisch „Cuma").

74 Tartarus: Strafort im Orcus.

75 Elysium (altgriechisch „Elysion" = das selige Feld)

76 Sibylle: Sie ist eine Seherin, Priesterin des Gottes Phoebus Apollo und Hüterin des Avernerhains der Hecate. Sie bestätigt dem Aeneas die Andeutungen in der Prophezeiung seines Vaters Anchises. Sie wird Aeneas später auch in die Unterwelt führen (→ Sibylle von Cumae).

77 **Binder, Gerhard und Edith (Herausgeber und Übersetzer): P. Vergilius Maro Aeneis Lateinisch/Deutsch. Stuttgart 2012. 5. Buch [im Folgenden „Binder" genannt], S. 275**

78 Binder, 6. Buch, S. 293

79 Sibylle von Cumae: Varro, ein römischer Historiker aus dem 1. Jahrhundert v. Chr. listet in einem Bücher 10 Sibyllen, darunter auch die von Cumae auf. Sie war eine aus Babylon stammende Priesterin, die im 6. Jahrhundert v. Chr. im Orakel von Cumae in der Nähe von Neapel weissagte.

80 Binder, 6. Buch, S. 293

81 Acheron (altgriechisch „achos" Schmerz): Fluss des Schmerzes. Zusammen mit Styx bildet der Acheron einen der beiden Grenzflüsse, welche die Unterwelt von der Oberwelt trennen. Vgl. de.wikipedia.org/wiki/Acheron [gesehen am 21.04.2016]

82 Binder, 6. Buch, S. 293

83 Cocytus (altgriechisch „Kokytos"): Fluss des Wehklagens. Wenn die Verstorbenen aus dem Fluss trinken, dann erkennen sie, dass sie ihr Leben verloren haben, und klagen. Mündet in den Acheron. Vgl. de.wikipedia.org/wiki/Kokytos [gesehen am 29.02.2016]

Iuno[84], der Unterweltherrscherin[85] (…). Doch wird es keinem erlaubt, in die Tiefen der Erde hinabzusteigen, bevor der goldbelaubte Reis vom Baum gepflückt. Dass dies ihr als Geschenk überbracht werde, hat die schöne Proserpina[86] bestimmt."[87]

In der Lieder-Edda gibt es auch eine <u>Seherin</u> (altnordisch „völva"). „Die Weissagung der Seherin" (altnordisch „Völuspá") ist die berühmteste Dichtung im Teil „Die Götterlieder" der Lieder-Edda. Es handelt sich um den Monolog einer Seherin, von der Gott Odin etwas erfahren will über die Entstehung der Welt und ihrer Geschöpfe sowie über das weitere Schicksal der Götter. Daraufhin legt die Seherin ihre Vision dar von der Entstehung und vom Untergang der Welt.

II.3. Der Orcus

In der Aeneis gibt es nur *eine* Unterwelt. Sie wird <u>Orcus</u>[88] (altgriechisch „Hades[89]") genannt und bezeichnet - ähnlich wie die germanisch-wikingische Unterwelt <u>Hel</u> - einen Ort in der Erde, unterhalb der Welt der Lebenden. Der Orcus dient allen Toten als Aufenthaltsort und ist in <u>sechs Teilwelten</u> (*ohne* die Vorhalle) unterteilt: vorzeitig verstorbene Kinder und zu Unrecht zum Tod Verurteilte (Der Totenrichter Minos befindet über die zu Unrecht zum Tod Verurteilten.), schuldlose Selbstmörder, Trauergefilde (Selbstmörder aus Liebeskummer), Kriegshelden des Thebanischen und Trojanischen Krieges, <u>Tartarus</u> (Vorplatz zum Tartarus: Totenrichter Rhadamanthus), <u>Elysium</u>.

Über mehrere verborgene Eingänge können *auch lebende* Menschen in diese Unterwelt hinabsteigen, um mit den Toten in Kontakt zu treten.

Das <u>Elysium</u> kann mit <u>Walhall</u> gleichgesetzt werden. Allerdings wird Walhall einzig und allein von *Kriegern* bewohnt, die auf dem Schlachtfeld gefallen sind, während im Elysium nicht nur Krieger, sondern viele andere Personen und Berufsgruppen zu finden sind. <u>Das Elysium ist zudem ein Teil des Orcus, Wahlhall ist zwar ein jenseitiger Ort, aber nicht Teil von Hel in der Unterwelt, sondern von Asgard, der Götterwelt.</u>

II.3.a) Die Vorhalle

Ganz außen im Orcus befindet sich eine <u>Vorhalle</u> (latinisch „vestibulum"), in der sich die personifizierten todbringenden Gewalten als Allegorien befinden: Trauer, Gewissensbisse, Krankheit, Alter, Furcht, Hunger, Not, Schlaf, Tod, Mühsal, Lust, Krieg, Rache (→ Furien; deutsch auch „Erinnyen" oder „Eumeniden", lateinisch „Furiae" bzw. „Eumenides", altgriechisch „Erinys" = die Rasenden)[90], Zwietracht, eitle Träume.

Zudem hausen hier eine Reihe mythischer Ungeheuer: die lernäische Hydra (altgriechisch „hydra"; lateinisch „belua Lernae" = Ungeheuer von Lerna)[91] (taucht im weiteren Verlauf der Aeneis auch wieder im Vorhof des Tartarus auf), Scylla (altgriechisch „Skýlla")[92], Briareus (altgriechisch „Briareos")[93], Chimaera (altgriechisch „Chímeira" = Ziege)[94],

---

84 Juno (lateinisch Iuno", altgriechisch „Hera"): Gemahlin des Jupiter.
85 Warum Juno auch Herrscherin der Unterwelt ist, ist dem Autor nicht bekannt und bedürfte einer gesonderten Untersuchung. Vielleicht soll damit zum Ausdruck gebracht werden, dass Juno auch die „Chefin" von Proserpina und somit – zusammen mit Jupiter – die oberste Herrschergottheit ist. Indem Proserpina bestimmt hat, dass der Goldlaubzweig, den Lebende zum Besuch des Orcus dorthin bringen müssen, möchte sie wohl zum Ausdruck bringen, dass Lebende in der Unterwelt den Schutz der höchsten Göttin, nämlich Juno, genießen und nicht dort festgehalten werden dürfen. Vgl. de.wikipedia.org/wiki/Orcus [gesehen am 21.04.2016]. In der Aeneis wird der Gott Orcus mit dem anderen Namen, Dis, genannt.
86 Proserpina (altgriechisch „Persephone"): Herrscherin der Unterwelt, Gemahlin des Pluto (altgriechisch „Hades") und Tochter der Ceres (altgriechisch „Demeter") und des Jupiter (altgriechisch „Zeus"). Vgl. **Grant, Michael und John Hazel,:Lexikon der antiken Mythen und Gestalten. München 1994 [im Folgenden „Grant" genannt]**, S. 330
87 Binder, 6. Buch, S. 295
88 Orcus: einer der Namen für den Gott der Unterwelt. Andere Namen sind „Pluto" und „Dis Pater," kurz auch nur „Dis". Der Gott Pluto hat zwei Facetten: einerseits „Pluto", andererseits „Orcus". Mit Orcus wird seine böse, bestrafende Seite bezeichnet; er ist der Gott, der die Toten im Jenseits foltert.
89 Hades (altgriechisch „der Unsichtbare"). Bezeichnet den Totengott und Herrscher über die Unterwelt mit demselben Namen.
90 Furien: drei weibliche Rachegeister, die Vater-, Bruder, Verwandtenmörder verfolgen, und zwar nicht nur *noch* lebende außerhalb des Orcus, sondern auch Tote im Tartarus. Die Furien treiben sie in ihren Opfern Wahnsinn (furor). Vgl. Grant, S. 154
91 Lernäische Hydra: neunköpfige Wasserschlange mit Hundekörper aus den Sümpfen von Lerna (Griechenland), die Hercules im Rahmen der ihm von Eurystheus gestellten Aufgaben besiegen musste. Vgl. Grant, S. 188
92 Scylla: einer von zwei Meerungeheuern, die an der Meerenge von Messina zwischen Italien und Sizilien den Seefahrern auflauern. Grant, S. 377
93 Briareus: einer der drei Hekatoncheires (hundertarmige Riesen mit jeweils 50 Köpfen). Sie sind Brüder der Kyklopen und Söhne von Gaia und Uranus. Sie bewachen in Tartaros die Titanen. Vgl. Grant, S. 160
94 Chimaera: feuerspeiendes Ungetüm, das vorne wie ein Löwe, in der Mitte wie eine Ziege aussieht und den Schwanz einer Schlange hat. Vgl.

Gorgonen (lateinisch „Gorgones", altgriechisch „gorgónes" = die Schrecklichen)[95], Harpyien (lateinisch „Harpyae", altgriechisch „Harpyiai" = Raffende, Entführende)[96], dreileibige Schattengestalt (gemeint ist Geryon)[97], Kentauren (lateinisch „Centauri", altgriechisch „Kentauroi")[98].

Vergleichbar wäre diese Vorhalle mit der Beschreibung des Wohnortes der Göttin Hel in der Snorra-Edda - ebenfalls „Vorhalle" genannt.

„Gleich an der Vorhalle, ganz vorn am Schlund des Orcus haben Trauer und Gewissensqualen ihr Lager aufgeschlagen, die bleichen Krankheiten wohnen dort und das triste Alter, die Furcht auch, der übelratende Hunger und die hässliche Not, Gestalten, schrecklich anzusehen, dazu Tod und Mühsal; ferner des Todes Bruder, der Schlaf, und die bösen Lüste des Herzens; und vorn auf der Schwelle lagert der todbringende Krieg, dort finden sich die ehernen Schlafgemächer der Eumeniden, auch die wahnsinnige Zwietracht, ihr Schlangenhaar ist mit blutigen Binden umschlungen. Mittendrin breitet ihre Zweige und ihre bejahrten Äste eine schattige Ulme aus, riesig: Auf ihr, so heißt es allgemein, wohnen die eitlen Träume, unter allen Blättern hängen sie. Zudem hausen dort noch viele Ausgeburten von mancherlei wilden Wesen, am Tor Kentauren, die zweigestaltigen Scyllae, der hundertarmige Briareus und das Ungeheuer von Lerna, schrecklich zischend, die mit Flammen gewappnete Chimaera, Gorgonen und Harpyien und eine dreileibige Schattengestalt."[99]

II.3.b) Der Unterweltfluss Styx

Wenn man die Vorhalle durchquert hat, gelangt man als nächstes zum Unterweltfluss Styx[100]. Er bildet zusammen mit dem Fluss Acheron (altgriechisch „schwarzer Fluss") die Grenze zum Reich der Lebenden und ist mit dem Grenzfluss Gjöll in Hel vergleichbar.

Bewacht wird Styx vom Fährmann Charon, der auf seinem Kahn aus Binsengeflecht die toten Seelen der Verstorbenen über den Fluss vom Ufer der Lebenden zum Ufer der Unterwelt übersetzt. Auffällig sind die Ähnlichkeiten zur riesigen Magd Modgudr, die in Hel die Jenseitsbrücke Gjallabrú über Gjöll bewacht. Zu beachten ist, dass Charon nur die Seelen der Toten, die zuvor bereits bestattet worden waren, ans andere Ufer bringt. Nur sie besitzen nämlich die Münzen (Obolus) zur Bezahlung des Charon, die jedem Toten vor dem Begräbnis unter die Zunge gelegt werden.

Die Seelen der Unbestatteten müssen solange am Ufer des Styx ausharren, bis auch sie bestattet sind und die Reise in die Unterwelt antreten können. Lebenden ist das Übersetzen über den Styx normalerweise verboten, es sei denn, sie bringen einen goldenen Zweig als symbolisches Geschenk für Proserpina mit. Tatsächlich dient er stets als Passierschein, sowohl um an Charon vorbeizukommen, als auch um Einlass ins Elysium zu erbitten.

Sibylle von Cumae hat sich mittlerweile mit Aeneas auf den Weg in die Unterwelt begeben. Am Styx treffen sie auf Charon. „Der Fährmann (...) schimpft (...): 'Hier ist der Ort der Schatten (...); Lebende im stygischen Nachen überzusetzen ist verboten.'"[101]

Sibylle erwidert Charon: „'Wenn dich schon das Bild so starker Sohnesliebe nicht rührt, so müsstest du doch diesen Zweig[102]' (und dabei enthüllt sie den Zweig, der bisher im Gewand verborgen war) 'erkennen.'"[103]

Grant, S. 99
95 Gorgonen: drei weibliche Wesen von furchterregendem Aussehen. Sie besitzen Hände aus Messing, scharfe Reißzähne und Haare aus Schlangenköpfen. Ihre Namen sind Stheno, Euryale und Medusa. Vgl. Grant, S. 163
96 Harpyien: Frauenköpfe mit Vogelkörpern, denen man die Schuld am Verschwinden von allem gab, was man nicht finden konnte. Sie rauben religiösen Frevlern das Essen oder hinterlassen ihren Kot in deren Essen. Vgl. Grant, S. 169
97 Geryon: Er besaß drei an der Hüfte zusammengewachsene Körper und wird oft mit drei Schwertern und Schilden bewaffnet sowie manchmal geflügelt dargestellt. Hercules 10. Aufgabe bestand darin, das Vieh des Geryon zu rauben. Vgl. Grant, S. 158
98 Kentauren: Mischwesen mit Pferdekörpern und -füßen und dem Kopf und den Armen eines Menschen. Hercules tötet den Kentauren Nessus. Vgl. Grant, S. 239
99 Binder, 6. Buch, S. 305
100 Styx (altgriechisch „Wasser des Grauens"): Einerseits der Unterweltfluss Styx, andererseits die Flussgöttin Styx, Tochter des Oceanus (Oceanus ist sowohl der Ursprung der Welt, als auch der Strom, die die Welt umfließt und vom Meer unterschieden wird. Er ist der Ursprung der Götter sowie aller Flüsse, Meere, Quellen und Brunnen.) und der Tethys (Göttin der Quellen, Brunnen, Bäche und großen Flüsse). Die Flussgöttin Styx herrsch über den Unterweltfluss Styx, der vom Oceanus abzweigt und sich durch eine Schlucht in die Unterwelt ergießt. Dort teilt sich der Styx in mehrere Arme, darunter den Cocytus (altgriechisch „der Heulende"). Er umfließt den Orcus neun Mal. Vgl. Grant, S. 309
101 Binder, 6. Buch, S. 313
102 Gemeint ist der goldene Zweig, das Geschenk der Lebenden für Proserpina.
103 Binder, 6. Buch, S. 315

II.3.c) Der Höllenhund Cerberus

Sobald man das jenseitige Ufer des Styx erreicht hat, begegnet man dem riesigen Höllenhund Cerberus[104] (altgriechisch „Kerberos" für „Dämon der Grube"), der den Eingang in die Unterwelt bewacht und mit drei Köpfen und Schlangen auf seinem Rücken bewehrt ist. Um an ihm vorbeizukommen, nützt der vorher erwähnt goldene Zweig nichts. Um als Toter an ihm vorbeizukommen, verlangt er von jedem – ähnlich wie Charon den Obolus – einen Honigkuchen[105]. Lebende kämen nicht an ihm vorbei, würden sie ihn nicht betäuben; Sibylle hat daher den Kuchen vorher mit einem Schlafmittel versetzt. „Die Prophetin [Sibylle] sieht, wie sich bereits die Schlangen auf seinem Nacken aufrichten, und wirft ihm einen Kloß hin, der, mit Honig und Zauberkräutern versetzt, einschläfernd wirkt."[106]

II.3.d) Der namenlose Bezirk der fälschlicherweise zum Tode Verurteilten und der vorzeitig verstorbenen Kinder

Sobald der Eingang zur Unterwelt durchquert ist, kommt man in einen namenloser Bezirk, der von den fälschlicherweise zum Tod Verurteilten und von den weinenden Seelen frühverstorbener Kinder bewohnt wird. Um den Verurteilten das zu Lebzeiten widerfahrene Unrecht wieder gut zu machten, existiert ein Totenrichter namens Minos[107]. Zusammen mit dem Rat der Schweigenden[108] prüft er die Umstände der Verurteilung und macht sich über die Lebensläufe der Betroffenen kundig. Was danach passiert und ob die Seelen in diesem Bezirk noch ins Elysium weiterwandern dürfen nach einer etwaigen Entscheidung des Minos, bleibt in der Aeneis offen.

II.3.e) Der namenlose Bezirk der Selbstmörderinnen und Selbstmörder

In der unmittelbaren Umgebung zu diesem Bezirk hausen die Seelen der Toten, die Selbstmord begangen haben, ohne dass die jedoch schuldig gewesen wären. Ihr weiteres Schicksal und ob sie ins Elysium dürfen, bleibt in der Aeneis offen. - In früheren Zeiten durften Selbstmörder nicht auf christlichen Friedhöfen bestattet werden, sondern nur außerhalb der Friedhofsmauern. Selbstmord galt damals als Sünde. Es könnte sein, dass es auch in der Antike eine derartige Vorstellung gab.

II.3.f) Die Trauergefilde

Danach kommen die Trauergefilde („Lugentes campi": lateinisch „lugere" = be-/trauern, jammern) in Sicht, die vollkommen von Myrten[109] umgeben sind und auf denen die Toten leben, die sich aus Liebeskummer selbst getötet haben, darunter auch viele bekannte Frauengestalten der griechischen Mythologie: z. B. Aeneas' Geliebte Dido[110], Procris[111], Eriphyle[112], Euadne[113], Pasiphae[114], Laodamia[115], Caeneus[116]. In diesem Zusammenhang ist es interessant zu

---

104 Bruder der Hydra und der Chimaera. Auch der Fenriswolf der Edda hat zwei Schwestern: die Midgardschlange und die Totengöttin Hel.
105 Grabbeigaben im antiken Griechenland: Obolus des Charon (unter die Zunge des Toten) und ein Stück Honigkuchen. Vgl. de.wikipedia.org/wiki/Tod_und_Totenkult_im_antiken_Griechenland [gesehen 03.03.2016]
106 Binder, 6. Buch, S. 315
107 Nicht zu verwechseln mit dem Kreterkönig Minos.
108 In der Aeneis nicht weiter definiert.
109 „Im alten Griechenland war die Myrte der Göttin Aphrodite geweiht, der Göttin der Liebe und Schönheit. Myrtenzweige gelten als Symbol für Jungfräulichkeit, Lebenskraft und viele gesunde Kinder, aber auch der über den Tod hinausgehenden Liebe. Bereits Griechen und Römer schmückten die jungfräuliche Braut mit einem Myrtenkranz. Im 16. Jahrhundert wurde dieser Hochzeitsbrauch auch in Deutschland Sitte. Der Bräutigam und die Trauzeugen erhielten Zweige zum Anstecken. Teilweise wurden auch die Brautjungfern mit einem Myrtenkranz geschmückt. Es entwickelte sich der Brauch, dass die junge Ehefrau einen aus dem Brautkranz stammenden Zweig in die Erde setzte und bewurzeln ließ. Die grünende Pflanze wurde als Indikator für das bestdändige Eheglück angesehen und besonders gehegt. So fand die Myrte Einzug in die Wohnstuben und gilt als eine der ältesten Zimmerpflanzen. Auch heute noch werden gelegentlich Myrtenkränze bzw. -sträuße zur Hochzeit getragen." In: de.wikipedia.org/wiki/Myrte [gesehen 03.03.2016]
110 Dido: Königin Karthagos. Auf seiner Flucht von Troja legt Aeneas in Nordafrika in der Stadt Karthago an. Er lernt Dido kennen, die sich leidenschaftlich in ihn verliebt. Aeneas möchte in Karthago bleiben und Dido heiraten, aber Jupiter sendet Merkur aus, der ihn zur Weiterfahrt nach Italien auffruft, weil Aeneas' Bestimmung Italien und nicht Afrika ist. Bestürzt über Aeneas' Aufbruchspläne macht sie ihm bittere Vorwürfe. Aeneas bleibt jedoch hart und verlässt Karthago. Dido lässt einen Scheiterhaufen anzünden, um alles zu verbrennen, was sie an Aeneas erinnert. Nach der Entzündung stürzt sie sich jedoch selbst ins Feuer, nachdem sie sich zuvor in Aeneas' Schwert gestürzt hatte. Aeneas trifft Dido im Orcus. Sie spricht jedoch nicht mit ihm und beantwortet seine Fragen nicht. Vgl. Grant, S. 121 f.
111 Procris (altgriechisch „Prokris") heiratet Kephalos; beide schwören sich ewige Treue. Kephalos ist jedoch ein begeisterter Jäger. Aurora (altgriechisch „Eos"), die Göttin der Morgenröte, verliebt sich in den Jäger, entführt und verführt ihn gegen seinen Willen. Eine Äußerung Auroras, Kephalos werde seine Hochzeit bereuen, lässt Kephalos eifersüchtig werden. Bestürzt über Kephalos' Untreue weist ihn Aurora zurück; Aurora hilft ihm dabei, indem sie sein Aussehen verändert. Kephalos begibt sich zu Procis und bietet ihr verkleidet Geld, wenn sie seine Geliebte werden würde. Sie willigt widerwillig ein. Dann gibt er sich zu erkennen und rügt sie für ihren Verrat. Procis rächt sich und lässt sich mit Pteleon ein. Schließlich kehrt sie zu Kephalos zurück und schenkt dem Jagdbegeisterten einen Speer. Procis glaubt, Kephalos sei in eine Nymphe verliebt. Sie geht an die Stelle,

sehen, dass „normale" Selbstmörder von denjenigen aus Liebeskummer abgetrennt sind. Aus diesem qualitativen Unterschied könnte man ableiten, dass für unglücklich Verliebte und deren Selbstmord in der Antike ein besonderes Mitgefühl vorhanden war. Ob auch sie unter Umständen ins Elysium gelangen, bleibt in der Aeneis ebenfalls offen. Man könnte vermuten, dass die Gestalten, die sich dort aufhalten, für die Leser der Aeneis eine Art negative Vorbildfunktion haben; würden sie ins Elysium gelangen und anschließend als Reinkarnierte nach dem Trinken aus dem Strom des Vergessens zurück in die Oberwelt gelangen, wären sie als tragische Vorbilder nicht mehr sichtbar und vorhanden. Aus dieser Überlegung heraus könnte man schließen, dass sie *nicht* ins Elysium gelangen.

Zum ersten Mal wird hier in der Aeneis detailliert Bezug genommen auf Vorwissen der griechischen Literatur und Mythologie (z. B. Homer).

II.3.g) Der namenlose Bezirk der Kriegshelden des Thebanischen und des Trojanischen Krieges

Schließlich taucht ein abgeschiedener Bezirk des Orcus auf, in dem sich ausschließlich die Toten Kriegshelden des Thebanischen und Trojanischen Krieges aufhalten – vergleichbar mit Walhall, wobei Walhall nicht ein Teil Hels ist, sondern in der Götterwald Asgard angesiedelt ist. Wie beim vorhergehenden Ort der Selbstmörder aus unglücklicher Liebe könnte es sich hier ebenfalls um ein „Wachsfigurenkabinett" à la „Madame Tussauds" handeln. Würden sie ins Elysium gelangen und nach dem Trinken aus dem Strom des Vergessens quasi anonym in die Oberwelt verschwinden, wären sie als „Vorzeigehelden" für immer verloren.

Ab hier führen im Orcus zwei Wege weiter: Auf dem rechten gelangt man zum Palast von Dis und seiner Gattin Proserpina und danach weiter ins Elysium, auf dem linken zum Tartarus. Im Neuen Testament (z. B. Matthäus-Evangelium: Böcke = Verfluchte rechts, Schafe = Gesegnete links) und in der christlichen Kunst (z. B. Berner Münster, Hans Memling „Das Jüngste Gericht") ist es vom Betrachter aus gesehen gerade umgekehrt: links die Seligen, rechts die Verdammten. Was im Palast des Dis passieren könnte, wird im nächsten Abschnitt „Der Tartarus" beschrieben.

„Hier ist die Stelle, wo sich der Weg in zwei Richtungen gabelt: Der rechte Weg führt zum Palast des mächtigen Dis, auf ihm gelangen wir ins Elysium; doch der linke bringt Strafe über die Bösen und schickt sie zum verruchten Tartarus."[117]

II.3.h) Der Tartarus

Der Tartarus ist im Orcus der Strafort und eine von drei Mauern umgebene Festung mit einem riesigen von Stahlsäulen flankierten Tor. Außerdem umfließt[118] der Feuerstrom Phlegethon[119] (altgriechisch „der Flammende", „der Feurige") das

---

von der sie glaubt, dass es ein heimlicher Treffpunkt mit der Nymphe sein würde. Sie versteckt sich dort in einem Busch. Als sie ihn hört, bewegt sich Procris auf Kephalos zu. Der jedoch hält sie für Wild und schleudert den Speer, Procris' Geschenk, auf sie und tötet sie ungewollt. Vgl. en.wikipedia.org/wiki/Procris [gesehen am 15.03.2016]

112 Polyneikes möchte gegen Theben in den Krieg ziehen. Eriphyle muss entscheiden, ob ihr Mann, der Seher Amphiaraos, oder ihr Bruder Adrastos daran teilnimmt. Amphiaraos weiß als Seher, dass das Unternehmen scheitern wird. Polyneikes möchte Eriphyle mit einem Geschenk bestechen, um sie dazu zu bewegen, Adrastos' Teilnahme zu befürworten. Amphiaraos hatte Eriphyle vorher verboten, Geschenke von Polyneikes anzunehmen. Eriphyle muss sich für Amphiaraos entscheiden. Als dieser nun weiß, dass er sterben würde, mussten seine Kinder ihm versprechen, ihn zu rächen und Theben zu gegebener Zeit zu erobern. Alkmeon, Eriphyles Sohn mit Amphiaraos, erobert Theben und tötet nach seiner Rückkehr seine Mutter Eriphyle. Vgl. Grant, S. 141

113 Euadne ist die Frau von Kapaneus, der als einer der Sieben mit Polyneikes Theben erobern will. Er kommt dabei durch Jupiters Donnerkeil um. Euadne stürzt sich aus Trauer in seinen brennenden Scheiterhaufen. Vgl. Grant, S. 144

114 Pasiphae verliebt sich in einen Stier. Dass sie sich in den Stier verliebt, ist eine Strafe des Meeresgottes Neptun (griechisch Poseidon); denn Pasiphaes Mann, der König Minos von Kreta, hatte es unterlassen, Neptun den Stier zu opfern, weil er ihn wegen seiner Schönheit für seine Zucht verwenden wollte. Pasiphae hat mit dem Stier Geschlechtsverkehr und gebiert den Minotauros. Vgl. Grant, S. 323. Pasiphae bringt sich jedoch nicht um. Dennoch ist sie in der Unterwelt am Ort derer, die sich aus Liebe getötet haben.

115 Laodamia (altgriechisch „Laodameia") ist die Frau des ersten griechischen Kriegers, der trojanischen Boden betritt: Protesilaos. Hektor tötet ihn sofort. Als Laodamia von seinem Tod erfährt, will sie es nicht untröstlich. Der Gott Merkur ist davon so gerührt, dass er Protesilaos für drei Stunden aus der Unterwelt entlässt. Nach Ablauf dieser Zeit begleitet sie ihren Mann in die Unterwelt. Nach einer anderen Geschichte lässt sich Laodamia nach dem Tod ihres Mannes eine Holzstatue machen, die sie beim Trauern zu umarmen pflegt. Ein Sklave sieht sie dabei und erzählt es Laodamias Vater. Der lässt die Statue verbrennen, und Laodamia stürzt sich ins Feuer. Vgl. Grant, S. 260 f.

116 Caeneus (altgriech. „Kaineus", ursprünglich „Kainis"). Kainis weigert sich trotz ihrer großen Schönheit zu heiraten. Eines Tages wird sie von Neptun am Strand vergewaltigt. Als Sühne verspricht er ihr alles, was sie sich nur wollte. Sie wollte daraufhin von ihm ein Mann verwandelt werden. Neptun erfüllt diesen Wunsch und macht den neuen Körper unverwundbar gegen Schwerthiebe. Kainis heißt nun Caeneus. Er wird Anführer der Lapithen, die eines Tages von betrunkenen Kentauren überfallen werden, um die Frauen der Lapithen zu rauben. Caeneus verteidigt die Lapithen und tötet sechs Kentauren. Die restlichen fallen über Caeneus her; da sie ihn nicht mit Waffen beikommen können, schleudern sie so viele Bäume und Felsen auf ihn, bis er von der Last durch die Erde in den Tartarus gedrückt wird. Dort nimmt er wieder die Gestalt Kainis' an. Vgl. Grant, S. 232

117 Binder, 6. Buch, S. 325

118 Vgl. Binder, 6. Buch, S. 325

119 Zusammen mit Styx, Lethe, Cocytus und Acheron ist Phlegethon (altgriechisch für „flammend", „feurig") einer der Unterweltflüsse. Er führt

ganze Gebiet, sodass die Sträflinge und Bösen, die hierher kommen, nicht fliehen können. <u>Auf dem Vorplatz des Tartarus</u> werden die arglistigen Verbrecher zunächst einem strengen Verhör unterzogen, das vom <u>Richter Rhadamanthus</u>[120] geleitet wird. Dieser zwingt sie dazu, ihre Taten zu gestehen. Rhadamanthus ist somit eine Art Beichtvater, der eine Ohrenbeichte abnimmt. <u>Tisiphone</u>[121] bewacht von einem eisernen Turm am Tartarustor aus diesen Vorplatz. Sie trägt einen in Blut getränkten Umhang. Die von Rhadamanthus Verhörten werden *anschließend* von Tisiphone und ihren Schwestern durchs eiserne Tor in den Tartarus getrieben; sie können somit keinen „Rückzieher" machen. Im Inneren befinden sich die <u>Hydra</u> und die <u>Titanen</u>.

Der <u>Richter Rhadamanthus</u> sitzt demnach nicht an der Weggabelung, sondern erst (!) auf dem Vorplatz des Tartarus, zu dem der linke Weg führt. Um die genaue Abfolge zu verdeutlichen, wurden in der Quelle „Aeneis" die abfolgebestimmenden Signalwörter fett gedruckt. Im Original sind sie nicht (!) fett gedruckt. Es bleibt jedoch unklar, wer oder was die Schuldigen an der Weggabelung zu diesem Vorplatz bringt.

„Vorn ein riesiges Tor mit Säulen von Stahl, so hart, dass keine menschliche Kraft, selbst Götter im Krieg sie nicht zu stürzen vermöchten; ein eiserner Turm ragt in die Lüfte: Dort thront Tisiphone in einen blutigen Mantel gehüllt und bewacht den **Vorplatz**, ohne je zu schlafen, Nacht und Tag. Von da ist deutlich ein Stöhnen zu hören, und wütende Schläge ertönen, dann das Klirren von Eisen und das Schleppen von Ketten."[122]

„Rhadamanthus (...) führt **hier** sein unbarmherziges Regiment; er unterzieht den arglistigen Verbrecher einem peinlichen Verhör und zwingt ihn zu gestehen, welche Schuld er auf Erden auf sich geladen (...). Gleich **darauf** dringt Tisiphone als Rächerin, mit einer Peitsche bewaffnet, geißelnd auf die Schuldigen ein, hält ihnen mit der Linken abscheuliche Schlangen entgegen und ruft zugleich die grausame Schar ihrer Schwestern. **Da** endlich öffnet sich mit schaurigem Ächzen in den Angeln das verwünschte Tor. (...) die riesige Hydra [hat] drinnen ihren Sitz. Dann breitet sich der Tartarus jäh in die Tiefe aus (...). Hier wälzt sich das uralte Geschlecht der Erde, das Titanenvolk, vom Blitz [Jupiters] zu Boden geschmettert, im tiefen Abgrund."[123]

Der Tartarus darf weder von schuldlosen Lebenden, noch von schuldlosen Toten betreten werden. Allein die Sibylle als Hüterin des Avernerhains[124] war von Hecate[125] mit den Strafen im Tartarus vertraut gemacht worden und hatte als Lebende eine (wohl virtuelle?) Führung erhalten. Daher schildert die Sibylle dann all das, was im Tartarus passiert.

Die Sibylle selbst sagt dazu zu Aeneas: „(...) kein Schuldloser hat das Recht, die Schwelle des Verbrechens zu betreten; doch als mir Hecate den Schutz des Avernerhains anvertraute, machte sie selbst mich mit den Strafen der Götter bekannt und geleitete mich durch alle Regionen."[126] Schuldlose Seelen begeben sich an der Verzweigung zum <u>Palast des Dis</u> (und danach weiter ins <u>Elysium</u>) selbständig auf den rechten Weg, schuldhafte auf den linken zum Vorplatz vor dem Tartarus, auf dem <u>Rhadamanthus</u> die „Ohrenbeichte" abnimmt" und die Schuldigen zwingt, ihre Taten zu gestehen. Sollte sich ein Schuldhafter dennoch hier auf den rechten Weg begeben, könnte er im <u>Palast des Dis</u> von Pluto und/oder Proserpina zurückgeschickt werden. Dies wird in der Aeneis jedoch nicht gesagt. Man kann es anhand der o. a. Textstellen nur mutmaßen. Analog zu Rhadamanthus nimmt auch der <u>Aztekengott Tezcatlipoca</u> (stellvertretend natürlich ein Tezcatlipoca-Priester) eine „<u>Ohrenbeichte</u>" ab; bei den Azteken müssen die „Sünder" ihre Taten gestehen, damit sie nach einer von Tezcatlipoca auferlegten Buße länger leben dürfen.

„Im tiefen Abgrund"[127] des Tartarus befinden sich nicht nur die <u>Titanen</u>, sondern auch die Götterfrevler: die Zwillingssöhne Ephialtes und Otos (die Aloiden, lateinisch „Aloidae", altgriechisch „Aloeidai") des Aloeus[128],

---

kein Wasser, sondern Flammen. Vgl. en.m.wikipedia.org/wiki/Phlegethon [gesehen am 22.03.2016]
120 Rhadamanthus (altgriechisch „Rhadamanthys") war entweder ein Sohn des Jupiter und der Europa oder ein Sohn des Riesen Talos auf Kreta. Legenden zufolge war er ein mächtiger König. Zu Lebzeiten brachte er Recht und Gesetz nach Kreta. Er soll auch Hercules erzogen und das Bogenschießen gelehrt haben. Nach dem Tod Amphitryons Tod heiratet er Hercules' Mutter Alcmena (altgriechisch „Alkmene"). Nach seinem Tod wirkt er als Richter im Orcus vor dem Tartarus. Vgl. Grant, S. 361 f.
121 Zusammen mit Alekto und Megaira ist Tisiphone, auch Teisiphone (altgriechisch „die nie Endende", „die Neidische", „die Mordrächende"), eine der Furien (lateinisch „furiae", altgriechisch „Erinys"). Vgl. de.m.wikipedia.org/wiki/Erinnyen [gesehen am 22.03.2016]
122 Binder, 6. Buch, S. 325
123 Binder, 6. Buch. S. 327
124 Nähere Angaben zum Avernerhain finden sich in der Aeneis nicht.
125 Hekate (altgriechisch für „die Fernhin-Mächtige") ist die Göttin der Magie; der Riten und Praktiken, die es ermöglichen, mit göttlichen Wesen in Verbindung zu treten und von ihnen Hilfe zu erlangen; der Beschwörung und der Begegnung mit Verstorbenen; der Wegkreuzungen, Schwellen und Übergänge sowie der Tore zwischen den Welten. Als Beherrscherin der Magie konnte sie den Zugang zur Unterwelt öffnen und den Kontakt mit Geistern und Toten ermöglichen. Vgl. de.m.wikipedia.org/wiki/Hekate [gesehen am 22.03.2016] Sie wurde fackelschwingend, mit drei Gesichtern und von einer Hundemeute begleitet dargestellt. Vgl. Grant, S. 171
126 Binder, 6. Buch, S. 325 ff.
127 Binder, 6. Buch, S. 327
128 Aloeus ist der Sohn des Neptun und der Kanake. Vgl. de.m.wikipedia.org/wiki/Aloeus (Sohn des Poseidon) [gesehen am 22.03.2016]. Bei Grant, S. 38 ist er der Sohn des Uranus und der Gaia. Die Zwillingssöhne des Aloeus sind die Aloaden (auch Aloiden) Otos und Ephialtes. Es wird jedoch auch überliefert, dass die Aloiden Söhne des Neptun und der Frau des Aloeus Iphimedaia sind. Die Aloaden wachsen im Kindesalter zu Riesen heran. Als Kinder bezwingen sie den Kriegsgott Mars (altgriechisch „Ares") und sperren ihn über ein Jahr in ein ehernes Fass. Sie steigen

Salmoneus[129], Tityos[130], die Lapithen (Ixion[131] und Pirithous[132]).

Des weiteren existiert ein „geographisch" nicht näher bezeichneter Ort, an dem sich diejenigen aufhalten, die auf ihre Strafe warten, und zwar diejenigen, die ihren Bruder hassten, die ihren Vater misshandelten, die einen Schutzbefohlenen (= Sklaven[133]) umgarnten, die Verwandten nichts von ihrem eigenen Reichtum abgeben wollten (die größte Gruppe an diesem nicht näher definierten geographischen Ort), die ihre Ehe brachen, die sich an frevlerischen Kämpfen beteiligten, die sich nicht scheuten, ihren Herren die Treue zu brechen.

Vor ihren Augen sind köstliche Speisen angerichtet, aber immer wenn sie danach greifen wollen, springt die größte aller Furien auf, hält ihnen eine Fackel entgegen und brüllt sie an. Schließlich werden sie bestraft, indem sie riesige Felsbrocken schleppen müssen oder an die Speichen eines Rades gebunden werden, während sie vom erbarmungswürdigen Phlegyas[134] ermahnt werden, künftig Gerechtigkeit zu üben und die Götter nicht mehr zu missachten. Phlegyas mahnt: „'Lernt, durch mich gewarnt, Gerechtigkeit zu üben und nicht zu missachten die Götter!'"[135] Dies impliziert, dass die Insassen dieses Strafortes nach dem Verbüßen ihrer Strafe die Chance erhalten, ins Elysium einzuziehen, was erst an späterer Stelle in der Aeneis erwähnt wird; Anchises (im Elysium) sagt zu Aeneas: „Also werden sie mit Strafen gequält und büßen für frühere Übeltaten: Die einen schweben umher, ausgespannt in den leeren Raum der Winde, den anderen wird tief unten in einem entsetzlichen Strudel das Verbrechen ausgewaschen, mit dem sie behaftet sind, oder mit Feuer ausgebrannt: Ein jeder von uns erfährt sein eigenes Jenseits. Sodann werden wir durchs geräumige Elysium gesandt, und nur wenige von uns bevölkern die Flure der Freude, bis eine lange Frist, wenn der Kreis der Zeit vollendet, den eingewachsenen Makel beseitigt hat und den aus dem Äther stammenden Geist geläutert zurücklässt, den freurigen Hauch unvermischt."

Die einzige Ausnahme stellt Theseus[136] dar, der – wie die Titanen – ewig im Tartarus schmachten muss: „(...) da sitzt und wird ewig sitzen der unglückselige Theseus (…)."[137] Eine reinigende Strafe erübrigt sich somit für ihn, da er nur „sitzen" muss. Bei Vergil bleibt er im Tartarus. In einer anderen Überlieferung wird er von Hercules befreit, als er den Cerberus holt. Tantalus[138] und Sisyphus[139] werden in der Aeneis überhaupt nicht (!) erwähnt, sehr wohl jedoch in

---

in den Himmel und entthronen die Götter. Apollo (altgriechisch „Apollon") tötet sie mit seinen Pfeilen. Nach einer anderen Überlieferung lässt die Jagdgöttin Diana (altgriechisch „Artemis") zwischen den beiden eine Hirschkuh durchlaufen; die Aloaden versuchen, sie mit ihren Speeren zu erlegen und treffen sich gegenseitig tödlich. Im Tartarus werden sie für ihr respektloses Verhalten bestraft, indem sie Rücken an Rücken mit Schlangen an eine Säule gefesselt werden. Vgl. de.m.wikipedia.org/wiki/Aloiden [gesehen am 22.03.2016]

129 Salmoneus stellt sich auf eine Stufe mit Jupiter. Er lässt sich von den Bewohner einer von ihm neu gegründeten Stadt mit Jupiter anreden und nimmt an dessen Stelle Opfergaben an. Zum Beweis, dass er Jupiter sei, schleudert er Fackeln als Blitze und zieht hinter seinem Pferdewagen eherne mit Tierhäuten bespannte Kessel her, um den Donner zu simulieren. Jupiter zerstört Salmoneus und seine Stadt mit Blitzen. Vgl. de.m.wikipedia.org/wiki/Salmoneus [gesehen am 22.06.2016]

130 Der Riese Tityos, ein Sohn der Gaia oder der Elara, versucht Leto, eine Geliebte des Jupiter und die Mutter von Apollo und Diana, zu vergewaltigen. Leto ruft ihre Kinder zu Hilfe. Diana oder Apollo strecken ihn mit Pfeilen und von Jupiter mit Blitzen unterstützt nieder. Im Tartarus fressen Geier von seiner immer wieder nachwachsenden Leber, die nach Anschauung der Griechen Sitz des Geschlechtstriebs ist. Vgl. Grant, S. 412

131 Ixion will sich mit Dia vermählen und verspricht ihrem Vater Brautgaben. Stattdessen tötet er ihn. Niemand will Ixion entsühnen. Jupiter erbarmt sich seiner und holt ihn in den Olymp, vermutlich weil auch er Dia begehrt. Als aber Ixion zeugt Jupiter Pirithous. Im Himmel bedrängt Ixion im Rausch Juno. Jupiter formt nach Junos Abbild eine Wolke. Ixion zeugt mit ihr den Centaurus, der später von den Stuten des Berges Pelion die Kentauren zeugt. Ixion zeugt mit der Wolke noch weitere Kentauren. Zur Strafe wird Ixion an ein Feuerrad gebunden an den Himmel versetzt. Später wird er in den Tartarus verbannt. Vgl. de.m.wikipedia.org/wiki/Ixion (König_der_Lapithen) [gesehen am 22.03.2016]

132 Die Witwer Pirithous (altgriechisch „Peirithoos") und Theseus sind befreundet und suchen wieder Frauen. Ihre Wahl fällt auf Töchter von Jupiter. Pirithous hilft dem Theseus bei der Entführung Helenas, einer Tochter des Jupiter und der Leda. Helena ist aber noch zu jung und wird von Theseus einstweilen in einer Festung zu Hausarrest verbannt. Pirithous begehrt Proserpina, Göttin der Unterwelt, und will sie aus dem Orcus entführen. Theseus hilft ihm und begleitet ihn in den Orcus. Dort ermüden sie und lassen sich nieder. Als sie wieder aufstehen wollen, fühlen sie sich an dem Boden gefesselt. Als den Cerberus holt, befreit er Theseus. Bei Pirithous gelingt ihm das nicht. Vgl. Grant, S. 324. In der Aeneis wird Theseus nicht befreit und bleibt im Tartarus!

133 Binder, S. 809

134 Phlegyas ist König der Lapithen und Vater des Ixion und der Koronis, einer Liebhaberin des Apollo. Koronis' Sohn mit Apollo ist Aesculapius (altgriechisch „Asklepios"). Als Koronis mit Aesculapius schwanger ist, verliebt sich Koronis in Ischys. Als Apollo davon erfährt, lässt er Koronis durch Diana töten, rettet dabei das Aesculapius und lässt ihn vom Kentauren Chiron erziehen. Phlegyas ist über die Ermordung Koronis' erbost und zündet einen Tempel des Apollo an, der ihn daraufhin tötet und in den Tartarus verbannt. Vgl. de.wikipedia.org/wiki/Phlegyas [gesehen am 15.03.2016]

135 Binder, 6. Buch, S. 329 ff.

136 Theseus: s. Fußnote 132.

137 Binder, 6. Buch, S. 329

138 Tantalus (altgriechisch „Tantalos") wird von den Göttern zum Essen eingeladen und stiehlt dabei die Götternahrung Nektar und Ambrosia. Als Tantalos die Götter zu sich zum Essen einlädt, prüft er ihre Allwissenheit. Er tötet seinen jüngsten Sohn Pelops und lässt ihn gekocht den Göttern vorsetzen, um den Betrug bemerken und ihn im Tartarus ewigen Qualen aussetzen. Vgl. de.m.wikipedia.org/wiki/Tantalos [gesehen am 15.03.2016]

139 Sisyphus (altgriechisch „Sisyphos") ist König von Korinth und der Bruder des Salmoneus. Sisyphus sieht eines Tages, wie Jupiter eine Flussnymphe entführt, die Tochter des Flussgottes Asopus ist. Sisyphus kennt den Ort, an den Jupiter sie verschleppt hatte, und verrät ihren Aufenthaltsort an Asopus. Jupiter ist darüber erzürnt und schickt den Todesgott Mors (altgriechisch „Thanatos") zu Sisyphus, um ihn in die Unterwelt zu holen. Sisyphus ist jedoch, den Todesgott Mors zu überlisten, indem er ihn fesselt und einsperrt. Daraufhin sterben die Menschen nicht mehr. Die Götter schicken Mars, um Mors zu befreien, der Sisyphus ein weiteres Mal in die Unterwelt holt. Aber dafür hatte Sisyphus Sorge getragen; seine Frau Merope solle ihn unbeerdigt liegen lassen und nicht die üblichen Opfer darbringen. Der Totengott Orcus ist über die scheinbare Nachlässigkeit Meropes so erzürnt, dass er Sisyphus in die Oberwelt entlässt, um Merope zu strafen und die Beerdigung

Homers Odyssee, und zwar im 11. Gesang, 582-592 (Übersetzung von Johann Heinrich Voß).

II.3.i) Das Elysium

Das Gegenstück zum Tartarus stellt das Elysium dar. Es ist ebenfalls umfriedet, aber nur von einer einzigen Mauer, die in den Zyklopen-Essen[140] (Esse = Feuerstelle in einer Schmiede) geschmiedet wurde. Um als Lebender für „Besuche" Einlass zu erhalten, muss man den goldenen Zweig der Proserpina am Tor befestigen und sich mit frischem Wasser besprengen. Das Elysium ist ein Ort der Freude, zu dem folgende Menschen gelangen: für ihr Vaterland Gefallene, zu Lebzeiten fast Fehlerlose, Erfinder, verdiente Menschen, vollkommen fehlerlose Priester, Seher, deren Worte des Phoebus[141] würdig waren.

Sie alle halten sich in schattigen kühlen Hainen im Gras auf, singen, spielen, essen und gehen ihren Lieblingsbeschäftigungen nach, die sie schon zu Lebzeiten betrieben haben. Sie besitzen ihre eigenen Sterne und ihre eigene Sonne.

Die Spielenden tragen Scheingefechte aus – wie in Walhall. Der Unterschied besteht jedoch darin, dass diese Kampfübungen in Walhall zur Vorbereitung auf die Ragnarök dienen; es handelt sich um keinen Zeitvertreib im engeren Sinn.

Im Gegensatz zum Tartarus und zu den anderen Bezirken im Orcus ist Elysium nicht in weitere Teilwelten unterteilt. Stattdessen kann sich jeder aufhalten, wo er will. Zudem gibt es *weder Häuser noch Wohnungen noch Zimmer*; alle halten sich *im Freien* auf.

„(...) gelangten sie zu den Orten der Freude und den anmutigen Auen in den Hainen des Glückes, zu den Wohnsitzen der Seligen. Reichlicher umhüllt hier der Äther die Fluren und mit schimmernden Licht; sie besitzen ihre eigene Sonne, ihre eigenen Sterne. Ein Teil der Seelen übt die Glieder auf einem Ringplatz im Gras, im Spiel tragen sie Kämpfe aus und ringen auf gelblichem Sand; andere schwingen im Takt die Füße zum Tanz und tragen Lieder vor. Der thrakische Priester aber im langen Gewand begleitet die Rhythmen mit den sieben Tönen der Lyra und schlägt die Saiten bald mit den Fingern, bald mit dem Plectrum aus Elfenbein an. Hier weilt das uralte Geschlecht des Treucer, seine prachtvollen Nachkommen, die mutigen Heroen, geboren in besseren Zeiten: Illus, Assarkus und Dardanus, der Gründer Trojas. (…) Wie sie im Gras schmausen und einen frohen Jubelchor singen im lorbeerduftenden Hain, von wo der wasserreiche Eridanus sich durch den Wald zur Oberwelt hin windet. Hier weilt die Schar derer, die im Kampf für ihr Vaterland tödliche Wunden erlitten, die ihr Leben lang Priester ohne Fehl waren, hier die gewissenhaften Seher, deren Worte des Phoebus würdig waren, sind solche, die das Leben durch Erfindungen reicher machten, und andere, die durch Verdienste in einigen Menschen die Erinnerungen an sich wach hielten: Ihnen allein ist die Stirn geschmückt mit einem schneeweißen Band. (…) 'Keiner von uns hat ein festes Zuhause; wir wohnen in schattigen Hainen, bevölkern die Graspolster der Flussufer, die frischen Wiesen an den Bächen."[142]

II.4. Die neue alte Welt

Die Aeneis prophezeit keinen Weltuntergang – wie die Edda, in der das Entstehen einer neuen grünen Welt nach Ragnarök (Untergang der alten Welt) geschildert wird. In dieser neuen Welt gibt es die Orte Gimle, an dem die rechtschaffenen Menschen für immer leben, und Idawöll (in der untergegangenen Welt Asgard), an dem die wenigen Götter leben, die Ragnarök überlebt haben. Der Großteil der Götter geht also an Ragnarök endgültig unter; da die Götter – wie die Menschen – Schuld auf sich laden können, werden auch die Götter an Ragnarök zur Rechenschaft gezogen.

In der Aeneis geht die Welt der Götter und Menschen nicht unter. Das Elysium ist eine Parallelwelt für die Toten mit eigenen Gestirnen und eigener Sonne. Die griechisch-römischen Götter haben – wie die (nord)germanisch-wikingischen – menschliche Eigenschaften und Fehler; sie werden allerdings nicht zur Rechenschaft gezogen, da es kein Endgericht und keine neue Welt gibt. Die alte Welt besteht weiter – allerdings mit neuen Menschen in gereinigten oder alten Körpern, die dazu bestimmt sind, nach 1000 Jahren wieder aus dem Orcus – genauer gesagt dem Elysium – zur Oberwelt hinaufzusteigen.

Eine neue Welt muss daher nicht geschaffen werden, weil die alte stets mit neuen Seelen in alten (d. h. ohne Tartarusläuterung, wenn die Seelen schuldlos waren) bzw. in neuen, gereinigten (d. h. mit Tartarusläuterung, wenn die Seelen schuldbeladen waren) Körpern versorgt wird. Es handelt sich also um eine Art Seelenwanderung und um Wiedergeburt (Reinkarnation). Die neuen Seelen erinnern sich jedoch nicht an ihr altes Leben und an ihren Aufenthalt

---

seiner eigenen Leiche zu veranlassen. Sisyphus sagt Merope nichts, verlacht die Götter der Unterwelt und wird alt. Nach seinem Tod verbannt Merkur Sisyphus in den Tartarus, wo er ewig einen Stein auf einen Berg wälzen muss, der immer wieder ins Tal rollt. Vgl. Grant, S. 376 f.
140 Zyklopen
141 Phoebus (altgriechisch „phoibos") ist der Beiname des Gottes Apollo.
142 Binder, 6. Buch, S. 331 ff.

im Orcus, weil sie vor ihrem Aufstieg in die Oberwelt Wasser aus <u>Lethe</u>, dem Unterweltstrom des Vergessens, trinken, das sie alles über ihr bisheriges Leben vergessen lässt.

„(...) Vater Anchises war dabei, tief in einem grünen Tal [des Elysiums] abgesondert weilende Seelen zu betrachten, die dazu bestimmt waren, zum Licht der Oberwelt hinaufzusteigen (...)."[143]

„(...) Vater Anchises: 'Die Seelen, denen vom Fatum [Schicksal] ein zweites Leben bestimmt ist, trinken am Ufer des Lethestroms Wasser, die den Kummer stillen und langes Vergessen schenken.'"[144]

„'Mein Vater, ist denn anzunehmen, dass bestimmte Seelen von hier zur Oberwelt emporsteigen und wieder in träge Körper zurückkehren?'"[145]

Anchises antwortet seinem Sohn Aeneas, dass die Menschen „irdische Gebeine und dem Tod geweihte Glieder [, die] sie schwächen."[146] besitzen.

Anchises fährt in seinen Erklärungen fort: „Ja, selbst wenn in der letzten Stunde das Leben sie verlassen hat, weicht doch nicht jegliches Übel aus den armen Seelen und auch nicht ganz und gar jegliche vom Körper ausgehende Befleckung; unvermeidlich schlägt tief im Inneren vieles, was lange zusammengewachsen, auf wundersame Weise Wurzeln. Also werden sie mit Strafen gequält und büßen für frühere Übeltaten: Die einen schweben umher, ausgespannt in den leeren Raum der Winde, den anderen wird tief unten in einem entsetzlichen Strudel das Verbrechen ausgewaschen, mit dem sie behaftet sind, oder mit Feuer ausgebrannt: Ein jeder von uns erfährt sein eigenes Jenseits. Sodann werden wir durchs geräumige Elysium gesandt, und nur wenig von uns bevölkern die Flure der Freude, bis eine lange Frist, wenn der Kreis der Zeit vollendet, den eingewachsenen Makel beseitigt und den aus dem Äther stammenden Geist geläutert zurücklässt, den feurigen Hauch unvermischt. Sie alle ruft, wenn sie das Rad der Zeit tausend Jahre lang gedreht haben, zum Lethestrom der Gott [Merkur[147]] in einem gewaltigen Zug, damit sie, ohne Erinnerung freilich, das Himmelsgewölbe wiedersehen mit dem aufkeimenden Wunsch, wieder in Körper einzugehen."[148]

Die neuen Seelen verlassen das Elysium durch zwei Pforten des Traumgottes Somnus – eines aus Horn, das andere aus Elfenbein. Auch Aeneas wird von seinem Vater Anchises zu einem dieser Tore geleitet und verlässt mit der Sibylle den Orcus, um sich wieder in die Oberwelt zu begeben.

„'Da sind zwei Pforten des Traumgottes: Eine davon (...) aus Horn, (...) die andere strahlt (...) in schimmerndem Elfenbein (...).'"[149]

„Nach diesen Worten geleitet sodann Anchises seinen Sohn zusammen mit Sibylla dorthin und entlässt sie durch das Tor aus Elfenbein (...)."[150]

143 Binder, 6. Buch, S. 335
144 Binder, 6. Buch, S. 337
145 Binder, 6. Buch, S. 337
146 Binder, 6. Buch, S. 337
147 Merkur (lateinisch „Mercurius", altgriechisch „Hermes") ist der Götterbote und der Gott der Reisenden, der Kaufleute, der Diebe und der Trickster. Darüber hinaus ist er der Grenzwächter an der Grenze zwischen Unter- und Oberwelt, in welche er Reinkarnierte aus der Unterwelt ruft. Vgl. en.wikipedia.org/wiki/Mercurius [gesehen am 23.03.2016]
148 Binder, 6. Buch, S. 337 ff.
149 Binder, 6. Buch, S. 349
150 Binder, 6. Buch, S. 349

III. Die Aztekencodices

III.1. Die Geschichte der Azteken

Anfang des 13. Jahrhunderts wanderten chichimekische[151] Nomaden von Norden her ins Hochtal von Mexiko[152] ein; es sind in Tierfelle gekleidete Höhlenbewohner auf der Kulturstufe von steinzeitlichen Jägern, die dann sesshaft werden. Unter den wandernden Chichimeken befand sich eine Gruppe von Nahua-Stämmen. Zu diesen Nahua gehörten die Azteken und ihre Feinde, die Tlaxcalteken.[153]

Die Azteken waren eine Kultur, die zwischen dem 13. und 16. Jahrhundert in Mesoamerika (Mittelamerika) im heutigen Mexiko bestand. Ihre Sprache war Nahuatl[154]. Sie nannten sich selbst mit Bezug auf ihre *Herkunft* „azteca" (Plural zum Singular „aztecatl"[155]): „die aus Aztlan[156] aufgebrochen sind"[157]. Weder die genaue Bedeutung des Wortes „Aztlan" noch die genaue Lage dieses Ortes (vermutlich nördlich vom heutigen Mexiko) sind bis heute bekannt. Ansonsten nannten sich die Azteken üblicherweise „Mexica". Zur Ethymologie dieses Wortes gibt es zwei Erklärungsversuche: einerseits abgeleitet vom Nahuatl-Wort „Metztlixithlico" („in der Mitte des Mondes")[158], andererseits von einem Stammesführer, namens Mexitli[159].

Der Legende nach wurden die Azteken auf ihrer Wanderung aus Aztlan von Huitzilopochtli[160] („Kolibri zur Linken", d. h. des Südens) angeführt. Die Wanderung wurde von einem Priester namens Tenoch (1299-1363) zu Ende geführt, auf den die Gründung der Stadt Tenochtitlan im Texcoco-See zurückgeht.[161] Auf ihrer Wanderung kamen die Azteken an den Texcoco-See; auf einer Insel in diesem See sahen sie einen Adler auf einem Feigenkaktus, der gerade eine Schlange fraß. Gemäß einer Prophezeiung war dieses Ereignis dazu bestimmt, ihnen den Ort zu zeigen, an dem sie sich niederlassen sollten. Tenochtitlan wurde 1325 oder 1370 auf Inseln im Texcoco-See im Tal von Mexiko in einer Höhe von mehr als 2'200 m gegründet und nannte sich damals noch Cuauhmixtitlan. 1318 hatte Tenoch die Stadt Colhuacan im Südosten des Texcoco-Sees unterworfen. Nach diesem Erfolg stieg Tenoch zum Obersten Priester und Führer der Mexica auf. Noch jedoch waren die Mexica als Vasallen den Tepaneken[162] unter ihrem Herrscher Tezozomoc (gestorben 1426) in der Stadt Azcapotzalco tributpflichtig.

Acamapichtli (gestorben 1391), der Nachfolger Tenochs, benannte Cuauhmixtitlan in „Tenochtitlan" („Stadt des Tenoch")[163] um. Ihm folgen Huitzilihuitl (1380-1417) und Chimalpopoca (1404?-1427) nach. Alle drei waren nicht mehr Oberste Priester wie Tenoch, sondern *militärische* Führer. Obwohl sie in dieser Zeit noch immer Vasallen der Tepaneken waren, begannen sie bereits, ihre Fähigkeiten als Eroberer zu entwickeln und sich den Tepaneken zu widersetzen. Technochtitlan wurde Stadtstaat.

Itzcoatl (1380-1440), der Nachfolger Chimalpopocas und neuer Herrscher des Stadtstaates Tenochtitlan, gründete 1428 zusammen mit den Herrschern Nezahualcoyotl (Herrscher des benachbarten Stadtstaates Texcoco) und Totoquilhuaztli (Herrscher des benachbarten Stadtstaates Tlacopan) den Aztekischen Dreibund, um dem Tepaneken-Herrscher Maxtla (gestorben 1428) Einhalt zu gebieten. Der Dreibund herrschte bald über das gesamt Tal von Mexiko.[164]

---

151 Die Chichimeken waren ein präkolumbisches Volk in Mittelamerika und existierten vermutlich vom 7. bis zum 12. Jahrhundert n. Chr. Vgl. de.wikipedia.org/wiki/Chichimeken [gesehen am 10.04.2016]

152 Das Tal von Mexiko oder auch Becken von Mexiko ist eine auf etwa 2'000 m Höhe gelegene, abflusslose Hochebene im Zentrum des heutigen Mexiko. Es beherbergt mit Mexiko-Stadt (früher Tenochtitlan) die Hauptstadt von Mexiko. Vgl. de.wikipedia.org/wiki/Tal_von_Mexiko [gesehen am 10.04.2016]

153 Vgl. Dietrich, S. 27

154 Nahuatl, auch bekannt als Aztekisch oder Mexicahtlahtolli (daher die veraltete deutsche Bezeichnung: Mexikanisch) ist eine Sprache, die in vorhispanischer Zeit im Tal von Mexiko von den Azteken und verwandten Völkern (u. a. den Tepaneken und Tolteken) gesprochen wurde. Durch den Aufstieg des Aztekischen Dreibundes zur vorherrschenden Macht im 15. und 16. Jahrhundert etablierte sie sich als Verkehrssprache im damaligen Zentralmexiko. Die moderne Variante des Nahuatl wird heute noch in Mexiko gleichberechtigt zum Spanischen gesprochen. Vgl. de.wikipedia.org/wiki/Nahuatl [gesehen am 10.04.2016]. Nahuatl bedeutet „gute/r Angehöriger/Klang". Die Azteken sprachen die Sprache „Nahuatlaca" (Singular „Nahuatlacatl", aus „nahuatl" + „tlacatl" „Mensch"), also „Menschen, die gut und verständlich sprechen". Vgl. de.wikipedia.org/wiki/Nahua [gesehen am 10.04.2016]. Menschen, die nicht Nahuatl sprachen, bezeichneten die Azteken als „popoloca" („die Stotterer" oder „die Barbaren"). Vgl. Dietrich, S. 27

155 Nahuatl „aztecatl": jemand, der aus Aztlán aufgebrochen ist. Vgl. de.wikipedia.org/wiki/Aztlán [gesehen am 10.04.2016]

156 Nahuatl „azta" (Singular): weißer Vogel. Nahuatl „aztatl" (Plural): weiße Vögel. Aztlan wird oft als „Ort der Weißen" (Dietrich, S. 27) oder „Ort der Weißen Vögel" (Reiher oder Kranich?) übersetzt. Die genaue Herkunft des Wortes ist jedoch immer noch ungeklärt. Vgl. de.wikipedia.org/wiki/Aztlán [gesehen am 10.04.2016]

157 Dietrich, S. 27

158 Vgl. de.wikipedia.org/wiki/Etymologische_Liste_der_Ländernamen [gesehen am 10.04.2016]

159 Vgl. Dietrich, S. 27, und vgl. de.wikipedia.org/wiki/Etymologische_Liste_der_Ländernamen [gesehen am 10.04.2016]

160 Uitzilopochtli, auch Huitzilopochtli: einer vom Gott erhobener Mensch. Stamm- und Kriegsgott der Azteken. Vgl. Seler Altmex2, S. 203

161 Vgl. Dietrich, S. 27 f.

162 Die Tepaneken (Nahuatl „Tepaneca") waren ein Volk der Nahua im Hochtal von Mexiko, das Anfang des 15. Jahrhunderts die Vorherrschaft in der Region innehatte. Zentrum der Tepaneken war zunächst die Stadt Azcapotzalco, dass diese Funktion nach der Gründung des aztekischen Dreibundes an Tlacopan (heute ein Stadtteil von Mexiko-Stadt) abtrat. Vgl. de.wikipedia.org/wiki/Tepaneken [gesehen am 10.04.2016]

163 Tenochtitlan kann außerdem als „Ort des Feigenkaktus auf dem Stein" übersetzt werden. Die Bestandteile des Namens Tenoch finden sich noch heute in der mexikanischen Flagge: Nahuatl „tetl" ist der Stein, „nōchtli" bedeutet Feigenkaktus. Solche Mehrdeutigkeiten sind im Aztekischen häufig. Vgl. Dietrich, S. 28, und vgl. de.wikipedia.org/wiki/Ténoch [gesehen am 10.04.2016]

164 Vgl. Dietrich, S. 28

Unter den nachfolgenden Herrschern Moctezuma I. (1390-1469), Axayacatl (gestorben 1482), Tizoc (1436-1486), Ahuitzotl (gestorben 1502) und Moctezuma II. (1465-1520) gelang es, Schritt für Schritt die Herrschaft über den größten Teil des heutigen Mexiko zu erringen.

1519 landete der spanische Eroberer Hernán Cortés (1485-1547) in Mexiko. Er ging ein Bündnis mit den Tlaxcalteken, den Feinden der Azteken, ein. 1521 wurde Tenochtitlan endgültig durch die Spanier eingenommen. Quauhtemoc (1495 oder 1502-1525), ein Cousin von Moctezuma II., leistete noch verzweifelten Widerstand, wurde aber dann 1525 von Cortés hingerichtet.[165]

III.2. Die Quellen

III.2.a) Die Codices

Während der Eroberung des Aztekenreichs zerstörten die Spanier und ihre Verbündeten, die mit den Azteken verfeindeten Tlaxcalteken (Sie brandschatzten das Archiv von Texcoco.[166]), viele Kulturgüter, darunter auch schriftliche Aufzeichnungen aus vorkolonialer Zeit, die bei den Azteken aus Bilderhandschriften bestanden und zusammen mit den nach Einsetzen der Kolonisierung rekonstruierten Handschriften zu den Aztekencodices gezählt werden. Eine Studierende äußert sich dazu in einer Studienarbeit: „Aus Zentralmexiko ist kein präkolonialer Codex erhalten geblieben."[167] Zudem bestanden die Originalcodices aus vergänglichem Material und waren oft auch der Witterung ausgesetzt.[168]

Was bedeutet die Aussage, aus Zentralmexiko seien keine „präkolonialen" Bildhandschriften erhalten geblieben? Es bleibt zu fragen, wie das Wort „präkolonial" definiert ist? Präkolonial = präkolumbisch, also vor 1492 (Landung Kolumbus' auf den Bahamas vor der mittelamerikanischen Küste) oder vor 1519 (Landung Cortés' an der mexikanischen Küste)?

Einige wenige Bildhandschriften aus der Zeit vor 1519 sind jedenfalls tatsächlich der Zerstörung durch die Spanier entgangen, darunter der wichtige Codex Borgia. „On ignore comment il [Codex-Borgia] est parvenu jusqu'en Europe mais son age est estimé à 600 ans au moins. Certains chercheurs pensent qu'il est d'origine mixtèque[169] ou tlaxcaltèque.[170] „It [Codex-Borgia] is generally believed to have been written before the Spanish conquest of Mexico, somewhere within what is now Southern or Western Puebla."[171] Das Alter des Codex Borgia könnte demnach mindestens 600 Jahre betragen und demnach mindestens aus dem 15. Jahrhundert stammen. Einige Forscher glauben zudem, dass der Codex Borgia entweder den Mixteken (sprechen Mixtekisch) oder den Tlaxcalteken (sind wie die Azteken Nahua und sprechen Nahuatl) zugeschrieben werden kann. „Hierbei wirkt erschwerend, daß [sic] die ausführlichen diese [Codex-Borgia-] Gruppe betreffenden Interpretationen von [Eduard] Seler noch davon ausgehen, daß [sic] diese aus dem Nahua-Bereich stammen. (...) Dies ist jedoch inzwischen strittig. A. Caso (...) hält die Codex-Borgia-Gruppe für (...) auf dem Boden der Nahua-Kultur beheimatet, während D. Robertson (...) wahrscheinlich gemacht hat, daß [sic] Codex Borgia mixtekisch sei."[172] - Weitere Aztekencodices aus der Zeit vor 1519 sind weiter unten aufgeführt.

Vor der Ankunft der Spanier existierte in Mittelamerika ein Kommunikationssystem, das sich vom europäischen unterschied. Die Nahua benutzten keine Buchstabenschrift (= alphabetische Schrift); sie hielten Inhalte in Piktogrammen (direkte Abbildungen der Realität, z. B. in Form von detailgetreuen Portraits), Ideogrammen (abstrakte Zeichen, die z. B. Wasser, Sonne, Gold repräsentierten) und Phonogrammen (phonetische Transkription von Wortlauten aus dem Nahuatl in Form von Schriftzeichen) fest. Als Schreibunterlage dienten Streifen aus Leder oder aus papierartig verarbeitetem Pflanzenmaterial („amatl" aus der Rinde des Amatl-Baumes, einer Feigenart), die leporelloartig gefaltet wurden. Als Einband dienten Holzdeckel.[173]

Das aztekische Reich umfasste einen Großteil des heutigen Mexiko; viele Völker mit unterschiedlichen Sprachen gehörten zum Herrschaftsbereich der Azteken. Nach der Unterwerfung der verschiedenen Ethnien bedurfte es zu deren Überwachung und zur Kontrolle der Tributforderungen eines geeigneten Kommunikationssystems. Ein an die Sprache Nahuatl gebundenes System hätte die meisten der unterworfenen Völker von der schriftlichen Kommunikation

---

165 Vgl. Dietrich, S. 29
166 Hellmold, Nele: **Die ethnohistorische Aussagekraft der präkolonialen und kolonialen Codices aus dem westlichen Mesoamerika.** **Studienarbeit. Universität Hamburg. Institut für Lateinamerika-Studien. Hamburg 2008 [im folgenden „Hellmold" genannt]**, S. 4
167 Hellmold, S. 4
168 Vgl. Hellmold, S. 4
169 Die Mixteken gehören *nicht* wie die Azteken zu den Nahua-Stämmen. Sie sprechen daher nicht Nahuatl, sondern mixtekisch. Die Mixteken lebten u. a. in der Region um Puebla. Die Tlaxcalteken sprechen Nahuatl, da sie zu den Nahua-Stämmen gehören. Vgl. de.wikipedia.org/wiki/Mixteken [gesehen am 28.04.2016]
170 In: fr.wikipedia.org/wiki/Codex_Borgia [gesehen am 28.04.2016]
171 In: en.wikipedia.org/wiki/Codex_Borgia [gesehen am 28.04.2016]
172 Dietrich, S. 17
173 Vgl. Hellmold, S. 4 f.

ausgeschlossen. Für die vielsprachige Bevölkerung musste ein Kommunikationssystem erdacht werden, das einen hohen Grad an Verständlichkeit aufwies. Das Kommunikationssystem der Nahua war nicht ans Nahuatl gebunden; nicht *Wort* und Bild, sondern *Idee* und Bild waren miteinander verknüpft.[174] Die Bildhandschriften der Azteken sind eine Kombination aus Pikto-, Ideo- und Phonogrammen.

Für den Einflussbereiches der *Maya* waren ebenfalls wenige Codices aus der Zeit vor 1519 im *Original* erhalten geblieben, die Maya-Codices:

- Madrider Codex = Codex Tro-Cortesianus

- Dresdner Codex = Codex Dresdensis

- Pariser Codex = Codex Peresianus

- Codex Grolier (der jedoch unter Fachleuten als Fälschung des 20. Jahrhunderts gilt)[175].

Für den aztekischen Einflussbereich erwachte glücklicherweise nachträglich ein starkes Interesse an der Kultur der Azteken – aus welchen Gründen auch immer. Und so wurden nach 1521 (Tod des letzten Aztekenherrschers Quauhtemoc) Versionen der ursprünglichen Bilderhandschriften erstellt, die *auch* zu den Aztekencodices gehören. „Nach der Conquista wurden Versionen erstellt, die auf den alten basierten und oft mit ergänzenden Texten versehen wurden, was die Interpretation erleichterte. Andererseits sind gerade diese Schriften oft schon unsicher in ihren Angaben. Die Bilderhandschriften sind kalendarischen, historischen und gegenwartsbeschreibenden Inhalts. Diese [Doktor-]Arbeit basiert jedoch auf den Texten. Diese sind zwar durchweg nach der Conquista aufgezeichnet, da die Indianer vorher noch nicht über eine Buchstabenschrift verfügten, basieren auf z. T. weit zurückreichendem Material. Sie sind teils durch einheimische Chronisten in Nahuatl und/oder Spanisch."[176]

Folgende teils nach 1521, teils davor entstandene Aztekencodices[177], die über die Geschichte, die Gewohnheiten und die Religion der Azteken Aufschluss geben, existieren in der Originalfassung:

- Codex Florentinus (nach 1521 entstanden): s. III.2.b)

- Codex Borbonicus (nach 1521 entstanden). Dieser Codex besteht aus drei Teilen:

  . Wahrsagekalender (Tonalamatl)
  . Beschreibung der 52-Jahres-Zyklen der Azteken (1 „Jahrhundert" = 52 Jahre)
  . Beschreibung von Ritualen und Zeremonien.

  Er befindet sich in der Bibliothèque de l'Assemblée Nationale (Bibliothek der Nationalversammlung = neben dem Senat eine der beiden Kammern des französischen Parlaments) in Paris.[178]

- Codex Boturini = „Tira de la Peregrinación" (nach 1521 entstanden): ": „(...) bringt eine besonders sorgfältige Aufzeichnung der Wanderung [der Azteken] und berichtet von Aufenthalten in Colhuacan, Tamoanchan, Tollan und im Gebiet der Huaxteken (an der Ozeanküste nordöstlich Mexicos [sic])."[179] Der Codex wird im Museo Nacional de Antropología in Mexiko-Stadt aufbewahrt.[180]

- Codex Mendoza (nach 1521 entstanden): enthält Informationen über die Herkunft, die Kriege und den Glauben der Azteken. Er befindet sich der Bodleian Library in Oxford.[181]

- Codex Magliabechiano (nach 1521 entstanden): Es handelt sich hierbei in erster Linie um ein religiöses Werk, das den rituellen Kalender Tonalpohualli (Tageszählung), den 52-Jahres-Zyklus, verschiedene Gottheiten und Riten beschreibt.
  Der Codex befindet sich in der Biblioteca Nazionale Centrale in Florenz.[182]

- Codex Aubin = „Manuscrito de 1576" (nach 1521 entstanden): beschreibt die Geschichte der Azteken. Er befindet sich im British Museum in London.[183]

- Tonalamatl Aubin (nach 1521 entstanden): religiöser Ritualkalender für 260 Tage. Er befindet sich im Museo

---

174 Hellmold, S. 5
175 Vgl. de.wikipedia.org/wiki/Codex_Grolier [gesehen am 10.04.2016]
176 Dietrich, S. 17 f.
177 Vgl. de.wikipedia.org/wiki/Aztekencodices [gesehen am 28.04.2016]
178 Vgl. fr.wikipedia.org/wiki/Codex_Borbonicus [gesehen am 28.04.2016]
179 Dietrich, S. 28
180 Vgl. fr.wikipedia.org/wiki/Codex_Boturini [gesehen am 28.04.2016]
181 Vgl. fr.wikipedia.org/wiki/Codex_Mendoza [gesehen am 28.04.2016]
182 Vgl. fr.wikipedia.org/wiki/Codex_Mendoza [gesehen am 28.04.2016]
183 Vgl. fr.wikipedia.org/wiki/Codex_Aubin [gesehen am 28.04.2016]

Nacional de Antropología in Mexiko-Stadt.[184] Kommentiert von Dr. Eduard Seler.

- Codex Telleriano-Remensis (nach 1521 entstanden): Kalender (265-Tage-Jahr, 260-Tage-Ritualjahr) und Geschichte der Azteken (Herrscher, Finsternisse, Erdbeben usw.). Er wird in der Bibliothèque nationale de France in Paris aufbewahrt.[185]

- Borgia-Gruppe[186]:

  . Codex Borgia (*vor* 1521 entstanden): Wahrsagekalender (Nahuatl „tonalamatl")[187] Kommentiert von Dr. Eduard Seler.

  . Codex Fejérváry-Mayer (*vor* 1521 entstanden): Wahrsagekalender in den Free Public Museums in Liverpool[188].Kommentiert von Dr. Eduard Seler.

  . Codex Laud (*vor* 1521 entstanden): beschreibt die Lebensabschnitte des Menschen und die Initiation von Priestern. Er wird in der Bodleian Library in Oxford verwahrt[189].

  . Codex Ríos (nach 1521 entstanden) = Codex Vaticanus A = Codex Vaticanus 3738: Es handelt sich um eine erweiterte und ins Italienische übersetzte Fassung des postkolumbischen Codex Telleriano-Remensis. Er wird in der Biblioteca Apostolica Vaticana im Vatikanstaat aufbewahrt.[190]

  . Codex Vaticanus 3773 = Codex Vaticanus B (nach 1521 entstanden[191]): Er befindet sich in der Biblioteca Apostolica Vaticana im Vatikanstaat. Er beschreibt Rituale und Wahrsagereien.[192] Kommentiert von Dr. Eduard Seler.

  . Codex Cospi (*vor* 1521 entstanden) = Codex Bologna. Er befindet sich in der Bilbioteca Universitaria in Bologna. Wie beim Codex Borgia wird angenommen, dass er tlaxcaltekischen Ursprungs ist. Sein Inhalt ähnelt dem des Codex Borgia.[193]

Wie sehr die nach 1521 entstandenen Aztekencodices von der Sichtweise der spanischen Autoren geprägt sind, ist nicht Gegenstand dieser Seminararbeit.

III.2.b) Die Erforschung der Quellen

Unter den Minoriten-, Franziskaner- und Dominikanerpatres, die im Gefolge der Conquista in die sog. Neue Welt kamen, waren nicht nur blinde Bekehrer, sondern auch bemerkenswerte Männer, die sich für die Menschenwürde der unterworfenen Völker einsetzten. Einer der bekanntesten war der Dominikaner Bartolomé de las Casas (1484-1566), der durch seinen Einfluss auf den spanischen König Karl V. 1542 einen Erlass erreichte, der die ursprüngliche Bevölkerung vor der totalen Vernichtung bewahrte.

Im kulturellen Bereich unternahm ein anderer Pater, Bernardino de Sahagún (um 1500 bis 1590), den ebenfalls wichtigen Schritt, das *kulturelle* Erbe der Azteken zu erforschen und zu bewahren. Er kam 1529 nach Mexiko (Tenochtitlan war 1521 von Cortés erobert worden.). Er erlernte Nahuatl und ließ sich vor allem von aztekischen Priestern die Lebensweise, die religiösen Feste, die Mythen und Sagen und auch die Ereignisse um den Untergang des Aztekenreichs schildern. So entstand sein umfassendes Werk „Historia universal de las cosas de nueva Espana"[194] (1547-1569). Es besteht aus zwölf Bänden, verfasst in Spanisch und Nahuatl und enthält fast 2'000 Illustrationen, darunter die Bände 1 (Götter und Göttinnen), 2 (Feste) und 3 (Unsterblichkeit der Seele, Seelenorte).

König Philipp II. von Spanien erfuhr von diesem Werk und ließ Druck und Verbreitung in Neu-Spanien verbieten. Es verschwand für mehr als 200 Jahren in den Archiven.

Eine Fassung von Sahagúns Werk liegt als sog. Codex Florentinus im Original in der Biblioteca Medicea Laurenziana in Florenz vor, daher auch das Adjektiv „florentinus".

---

184 Vgl. www.wdl.org/en/item/15283/ [gesehen am 28.04.2016]
185 Vgl. en.wikipedia.org/wiki/Codex_Telleriano-Remensis [gesehen am 28.04.2016]
186 Eduard Seler hat dem Codex Borgia unter dem Namen Borgia-Gruppe weitere Codices mit identischen Teilen (gemeinsamer Stil, gemeinsame Themen) zugeordnet. Vgl. fr.wikipedia.org/wiki/Groupe_Borgia [gesehen am 28.04.2016]
187 Vgl. fr.wikipedia.org/wiki/Codex_Borgia [gesehen am 28.04.2016]
188 Vgl. fr.wikipedia.org/wiki/Codex_Fejérváry-Mayer [gesehen am 28.04.2016]
189 Vgl. fr.wikipedia.org/wiki/Codex_Laud [gesehen am 28.04.2016]
190 Vgl. fr.wikipedia.org/wiki/Codex_Ríos [gesehen am 28.04.2016]
191 Codex Borgia, erläutert von Dr. Eduard Seler, Band I, Berlin 1904, S. 2
192 Vgl. fr.wikipedia.org/wiki/Codex_Vaticanus_B [gesehen am 28.04.2016]
193 Vgl. en.wikipedia.org/wiki/Codex_Cospi [gesehen am 28.04.2016]
194 Deutscher Titel: Universalgeschichte Neu-Spaniens

Erst 1829 entsteht eine unzuverlässige spanische Textfassung. Erst der deutsche Altamerikanist und Altmexikanist <u>Dr.</u> <u>Eduard Seler</u> (1849-1922) erkannte die Bedeutung dieses gewaltigen Werkes. Er wollte alle zwölf Bände ins Deutsche übersetzen, scheiterte aber an äußeren Hindernissen. Erst 1927 erschien aus Selers Nachlass eine deutsche Übersetzung: „Einige Kapitel aus dem Geschichtswerk Sahagúns aus dem Aztekischen übersetzt. Die Übersetzungsarbeit wurde von zwei Professoren fortgesetzt, sodass inzwischen weite Teile des Werkes in Deutsch vorliegen.[195]

<u>Dr. Eduard Seler</u> und seine Ehefrau <u>Cäcilie Seler-Sachs</u> (1855-1935; Herausgeberin von einigen Werken ihres Mannes sowie selbst Autorin) beschäftigten sich umfassend mit der Kultur der Azteken. Bedeutend sind seine Bemühungen um die Entzifferung der aztekischen Schriftzeichen (<u>Glyphen</u>). Beide reisten und forschten in Mexiko. Seler erforschte auch zahlreiche noch vorhandene und nicht von den Spaniern zerstörte Ruinen, wie z. B. den Templo Mayor in Tenochtitlan. Er verglich die Bilder und Glyphen der Bauwerke mit denen in den Codices. Er kommentierte diverse Codices erstmals in deutscher Sprache (s. oben) und verglich die nach 1521 entstandenen mit denen aus der Zeit davor.

In vielen populärwissenschaftlichen Büchern und Magazinen wird vieles aus der Religion der Azteken oft ohne direkten Verweis auf Quellen angegeben. Die Autoren tun so, als sei das Dargestellte ein Verdienst ihrer Forschungs- und Recherchearbeit. Vieles wird auch unvollständig dargestellt und nicht in einen Gesamtkontext gestellt. Oft werden auch die Religionen von Azteken und Mays nicht präzise getrennt und kunterbunt miteinander vermischt. Aus diesem Grund belegt der Autor dieser Seminararbeit auch in diesem Teil alle wichtigen Erkenntnisse mit den entsprechenden Quellen. Zudem stützt er sich mit Bezug auf die Aztekencodices auf Bücher und Übersetzungen von <u>Dr. Eduard Seler</u> sowie auf die <u>Dissertation von Gabriele Dietrich</u>; beide untersuchten die Aztekencodices gründlich und professionell. Zudem sind für die Interpretation der Codices viele Kenntnisse erforderlich. Glücklicherweise liegen viele der Codices und eine Vielzahl der Werke Selers in digitaler Form im Internet vor.

Die Bibliothek der Berlin-Brandenburgischen Akademie der Wissenschaften (Unter den Linden 8, 10117 Berlin) hat eine umfangreiche Online-Literaturliste zu den Veröffentlichungen von Dr. Eduard Seler herausgegeben:

bibliothek.bbaw.de/kataloge/literaturnachweise/seler/literatur.pdf .

In der ZDF-Sendereihe TERRA X vom 25.10.2009 werden Eduard Seler und seine Frau Cäcilie Seler-Sachs vorgestellt: „Der geheime Azteken-Code - Eduard Seler entschlüsselt die Geheimsprache der Azteken:

www.zdf.de/terra-x/der-geheime-azteken-code-geheimsprache[196]-der-azteken-entschluesselt-5276936.html

III.3. Die Unterwelten

III.3.a) Die Anzahl der Unterwelten

In der aztekischen Religion existieren vier Unterwelten: <u>Mictlan</u> (Synonyme: Ximoayan, Tocempolihuiyan) unter der Erde, <u>Tlalocan</u> auf der Erde auf einem Berg, <u>In ichan tonatiuh ilhujcac</u> („das Haus der Sonne im Himmel"), <u>Xochatlapan</u> („das Gartenland") im Haus <u>Tamoanchan</u> („das Haus der Herabkommens") im Himmel.

Allein <u>Mictlan</u> kann als Unterwelt im eigentlichen Sinne bezeichnet werden, also als ein Ort, der sich *unter* der Erde befindet. In diesem Zusammenhang verwendet der Autor daher die Bezeichnung „Totenorte".

Für die Azteken ist es zudem entscheidend, *wie* ein Mensch zu Tode kommt. Die verschiedenen Todes*ursachen* bestimmen nämlich, an welchen Ort ein Toter im Jenseits kommt. Verdienste, Sünden, soziale Herkunft, Tapferkeit und Mut im Krieg sind *nicht* entscheidend; ausschlaggebend ist *einzig und allein* die Todes*art*. Auch Könige müssen nach Mictlan, wenn sie an einer „normalen" Krankheit oder eines natürlichen Todes sterben. Nicht der Kriegerstand als solches kommt in den Himmel, sondern nur die gefallenen Krieger und die Geopferten.[197]

Wer kommt nach dem Tod wohin?

- <u>Mictlan</u>: natürlicher Tod, Tod durch Krankheit[198]; Tod im Krieg (gemäß Codex Vaticanus A), Opfertod (gemäß Codex Vaticanus A) und nach vier Jahren weiter nach In ichan tonatiuh ilhujcac („das Haus der Sonne im Himmel")[199]

- <u>Tlalocan</u>: Tod durch Ertrinken, Blitzschlag, im Wasser, durch Aussatz (Lepra), Syphilis, andere Geschlechtskranke, Hautkrankheiten (z. B. Krätze), nicht verheilte Vereiterungen, Gicht, durch

---

195 Vgl. Opferstein, S. 313 f.
196 Sic!
197 Vgl. **Dietrich, Gabriele: Tod und Jenseits in der Aztekischen Religion. Inauguraldissertation. Berlin 1971 [im Folgenden stets „Dietrich" genannt]**, S. 57
198 Vgl. **Seler, Eduard: Gesammelte Abhandlungen zur Amerikanischen Sprach- und Alterthumskunde [sic]. Zweiter Band. Zur Geschichte und Volkskunde México's [sic]. — Reisewege und Ruinen. — Archäologisches aus Mexiko. — Die religiösen Gesänge der alten Mexikaner., Berlin 104 [im Folgenden stets „Seler2" benannt]**, SS. 101, 168
199 Vgl. Dietrich, S. 42

Aufschwellungen des Leibes[200]

– In ichan tonatiuh ilhujcac: Tod im Kindbett, reisende Kaufleute, im Krieg Gefallene, im Krieg geopferte feindliche Krieger[201]

– Xochatlapan: Babys und Kleinkinder[202].

III.3.b) Der Totenort Mictlan

Mictlan („Totenort"), auch Ximoayan („der Ort der Fleischlosen"[203])[204] oder Tocempolihuiyan („der Ort, wo wir alle untergehen)[205], bezeichnet die Unterwelt der Azteken, ist also der Name eines ihrer insgesamt vier Totenreiche. Mictlan bezeichnet jedoch auch die Himmelsrichtung Norden[206], aus der die Azteken ins heutige Mexiko einwanderten und wo sich tief in der Erde das Totenreich befindet. Mictlan ist das Reich der Finsternis und des Dunkels[207].

Mictlan besteht aus neun Teilunterwelten, wobei die Erdoberfläche (Die Erde ist bei den Azteken eine von Wasser umflossene Scheibe.[208]) bei den Azteken mitgezählt wird[209].

Die Zahl „neun" bezieht sich auf die neun Stunden der Nacht und bildet das Gegenstück zu den dreizehn Stunden des Tages, genauso wie die neun Teilunterwelten von Mictlan das Gegenstück zu den dreizehn Himmeln (inkl. Erdoberfläche) darstellen[210]. Die Sonne Tonatiuh, repräsentiert durch den gleichnamigen Gott, wird nämlich jeden Abend bei ihrem Untergang vom hundsköpfigen Xolotl[211] (Gott der Missgeburten, der Zwillinge und des Ballspiels[212], das immer zu zweien gespielt wird)[213] nach Mictlan geführt, so dass Xolotl in Nauauatzin (syphilitischer Gott) verwandelt, um am Morgen am Osthimmel wieder zu erscheinen.[214] Die letzte und tiefste der neuen Unterwelten ist Mictlan opochcalocan („Ort der Toten, von dem es keinen Ausweg gibt").[215] Am Eingang zu Mictlan opochcalocan fließt der neunfache Unterweltstrom chicunauhapan.[216] Herrscher des dunklen und finsteren Reiches von Mictlan sind der Totengott Mictlantecutli, auch Tzontemoc („der kopfüber Herankommende") genannt, und seine Gemahlin, die Totengöttin Mictecaciuatl.[217]

Ebenfalls wichtig für die Unterwelt ist der Gott Tezcatlipoca („Rauchender Spiegel, mit dem er in die Herzen und in die Zukunft blickt"), der überall wohnt, und zwar: im Himmel, auf der Erde und in der Unterwelt.[218] Tezcatlipoca ist einer der undurchsichtigsten und schillerndsten Gestalten der Azteken-Götter. Er ist der Gegenspieler von Quetzalcoatl[219]. Neben Huitzilopochtli[220] ist Tezcatlipoca der wichtigste Gott der Azteken, der allwissend und allmächtig ist und in die Seelen der Menschen blicken kann. Er erkennt also die Sünder auf der Erde und in der Unterwelt. Mictlan ist dann mit Bezug auf Tezcatlipoca der Ort, wo die Sünder, die eines natürlichen Todes gestorben sind, zur Rechenschaft gezogen

---

200 Vgl. Dietrich, S. 196 und Seler2, S. 101
201 Vgl. Dietrich, S. 138 und Seler2, S. 101
202 Vgl. Dietrich, S. 262
203 Der Ort der Skelette also.
204 Vgl. Dietrich, S. 44
205 Vgl. Dietrich, S. 65
206 Vgl. Seler2, S. 799
207 Vgl. Seler2, S. 101
208 Vgl. Dietrich, S. 42
209 Vgl. Dietrich, S. 40
210 Vgl. **Seler, Eduard: Gesammelte Abhandlungen zur Amerikanischen Sprach- und Alterthumskunde [sic]. Erster Band. Sprachliches. - Bilderschriften. - Kalender und Hieroglyphenentzifferung. Berlin 1902 [im Folgenden „Seler1" genannt]**, S. 603
211 Xolotl wird häufig direkt als Hund oder mit den gestutzten Ohren eines Hundes dargestellt. Vgl. Seler1, S. 544
212 Obwohl die Bedeutung des mittelamerikanischen Ballspiels noch nicht restlos geklärt ist, bestand seine entscheidende Rolle wohl darin, den Lauf der Sonne nachzuahmen. Wenn also Xolotl der Gott des Ballspiels ist, verkörpert er hierin auch seine Funktion als Begleiter der Sonne in der Unterwelt. Vgl. Dietrich, S. 91
213 Vgl. **Seler, Eduard: Gesammelte Abhandlungen zur Amerikanischen Sprach- und Alterthumskunde [sic]. Dritter Band. Geschichtliches. — Bilderschriften, Kalendarisches und Mythologie. — Ethnographisches und Archäologisches aus México [sic]. — Archäologisches und anderes aus den Maya-Ländern. Berlin 1908 [im Folgenden „Seler3" genannt]**, S. 346
214 Seler3, S. 346
215 Vgl. **Seler, Eduard: Altmexikanische Studien II. VI. Band. 2./4.Heft. 1. Zauberei und Zauberer im alten Mexico [sic]. 2. Die bildlichen Darstellungen der mexikanischen Jahresfeste. 3. Die achtzehn Jahresfeste der Mexikaner (Erste Hälfte), S. 48, in: VERÖFFENTLICHUNGEN AUS DEM KÖNIGLICHEN MUSEUM FÜR VÖLKERKUNDE. 6. Band. 2./4. Heft. Berlin 1899 [im Folgenden stets „Altmex2" genannt]**. - Anmerkung: Trifft der Leser bei Zitaten aus diesem Buch auf „[]", dann handelt es sich dabei um „[]" von Eduard Seler.
216 Vgl. Seler1, S. 603
217 Vgl. **Sahagún, Bernardino de: Historia universal de las cosas de Nueva España [Universalgeschichte Neu-Spaniens], 1585. Hier: „Das Herz auf dem Opferstein, Aztekentexte" [bringt ausgewählte Kapitel aus dem Werk „Fray Bernardino de Sahagún, einige Kapitel aus dem Geschichtswerk wortgetreu aus dem Aztekischen übertragen von Eduard Seler", herausgegeben von Cäcilie Seler-Sachs in Gemeinschaft mit Prof. Dr. Walter Lehmann und Dr. Walter Krickeberg], Aus dem Nahuatl übertragen von Eduard Seler. Ausgewählt und mit einem Nachwort versehen von Janheinz Jahn. Düsseldorf 1962 [im Folgenden „Opferstein" genannt]**, S. 11
218 Vgl. Dietrich, S. 68 f.
219 Vgl. Quetzalcoatl: Berg- und Windgott, Sohn der Jungfrau Chimalman, hat seine Wohnung am Himmel, Erfinder des Kalenders und der Kalenderwahrsagerei, bezeichnet den Osten und den Westen. Seler Altmex 2, S. 219
220 Uitzilopochtli: Stammgott der Mexikaner, ein zum Gott erhobener Mensch, Sohn der Jungfrau Coatlicue, Kriegsgott. Vgl. Seler Altmex2, S. 203

30

werden. Je mehr Übeltaten ein Mensch im Leben begeht, desto näher rückt der Tag, an dem er stirbt und nach Mictlan kommt. Je weniger Schuld ein Mensch noch zu Lebzeiten auf sich lädt, desto weiter weg rückt hingegen sein natürlicher Tod. Ein Mensch kann seinen Sterbetermin durch einen natürlichen Tod aber nach hinten verschieben, indem er zu Lebzeiten (und nicht in der Unterwelt, wo man ohnehin büßt, und zwar egal, ob Sünder oder nicht!) vor Tezcatlipoca Buße tut[221], und zwar am Tag des Tezcatlipoca, der ein Mal im Jahr stattfindet und wo er all seine Sünden beichtet. Diese Beichte ist eine Ohrenbeichte, die ein Tezcatlipoca-Priester abnimmt, der Tezcatlipoca vertritt. Tezcatlipoca ist also ein Richtergott.[222] Wichtig in diesem Zusammenhang ist es, dass diese Beichte nur ein einziges Mal im Leben abgelegt werden kann![223] Beichtet ein Sünder nicht (Tezcatlipoca, der Allwissende, weiß alles!), schneidet er sich ins eigene Fleisch, weil er sein Leben dadurch verkürzt; in Mictlan „vorsorglich" büßen muss er auf jeden Fall (ob viel oder gar keine Sünden zu Lebzeiten). Nach dem Beichten muss der Mensch büßen: fasten, für 1 Jahr oder länger im Haus des Tezcatlipoca Dienst tun, sein Blut opfern, sich kasteien, einen Sklaven opfern, Papier und Kopal (= Baumharz) opfern, Mildtätigkeit üben, für Tezcatlipocas Gnade dankbar sein.[224]

Tezcatlipoca ist somit ein Richtergott im diesseitigen Leben und nicht im Jenseits. Als „Belohnung" winkt eine Verlängerung des diesseitigen Lebens. Der sprichwörtlichen Hölle von Mictlan entgeht er deshalb als sprichwörtlicher Normalsterblicher nicht, sofern er eines natürlichen Todes stirbt.

Der Gegenspieler von Mictlantecutli, dem Repräsentanten der Nacht, ist Tonatiuh, der Sonnengott, der Herrscher des Tages.[225]

Nach Mictlan kommen alle, die auf der Erde eines natürlichen Todes oder an Krankheiten sterben, seien es Könige oder Untertanen ohne soziale Unterschiede.[226] „Die Masse der in ihrem Bett, in [sic] verschiedenen Krankheiten, [sic] Gestorbenen gieng [sic] zur ewigen Ruhe ein, in das Totenreich Mictlan (...)."[227]

Vor Mictlan liegt der neunfache Unterweltstrom chicunauhapan, für dessen Überquerung der Gestorbene einen Hund benötigt; er ist ein Totenbegleiter, der dem Verstorbenen hilft, Hindernisse auf dem Weg in die Unterwelt zu überwinden. Hund und Truthahn waren die einzigen Haustiere der Azteken.[228] Bereits zu Lebzeiten musste ein Mensch somit dafür sorgen, sich einen Hund zu halten, damit er nach seinem Tod einen Totenbegleiter hatte. Nach dem Tod wird der Hund mit einem Pfeil durch die Kehle getötet.[229] Es darf jedoch ausschließlich ein gelbes Hündchen sein, denn nur das gelbe kann den Toten über den neunfachen Strom chicunauhapan nach Mictlan führen. Weiß- oder schwarzfarbene Hunderassen, die diese Aufgabe eigentlich auch erfüllen könnten, kommen nicht in Frage, da ein schwarzer sich gerade schwarz geschminkt hat und daher nicht mehr ins Wasser steigen kann und ein weißer sich gerade erst reingewaschen hat. Wichtig ist, dass der Hunden seinen ehemaligen Herrn und nicht umgekehrt in Mictlan erkennen muss.

„Für das persönliche Schicksal des Toten ist es offenbar entscheidend, daß [sic] er einen Hund mit ins Grab bekommt (...). Sahagún betont ausdrücklich, daß [sic] dies ein gelber Hund zu sein habe (...). Gelb erscheint in den Bilderschriften häufig als die Farbe des toten Fleisches, der abgezogenen Haut, der Wundränder (...). Seler betont demgegenüber, daß [sic] es sich um einen roten Hund gehandelt habe. Ohne Zweifel ist rot eine häufige Farbe der Grabbeigaben. (...) Im Codex Borgia erscheint der Hund regelmäßig weiß und schwarz gefleckt, ebenso gewöhnlich auch im Codex Telleriano-Remensis und Vaticanus A, sowie im Codex Mendoza, wo das Bild des Hundes als hieroglyphisches Element häufig verwendet wird. Bezeichnend ist für diesen Typ ein großer dunkler Fleck um das Auge. Der mit roter Farbe gemalte Hund hat gewöhnlich ein zur Hälfte abgerissenes oder abgeschnittenes Ohr, dessen Wundränder durch eine lappige oder zackige Begrenzung in gelber Farbe gezeichnet ist. (...) es scheint, daß [sic] man dem Hund bei der Bestattung eine Ohrspitze abschnitt. Der rote Hund dürfte der persönliche Totenbegleiter gewesen sein, während der gefleckte eher das hieroglyphische Zeichen itzcuintli und den Gott Xolotl verkörpert, der als hundsköpfiger Begleiter der nächtlichen Sonne durch die Unterwelt wanderte. Beide Vorstellungen vermischen sich miteinander."[230]

„Dort ist ein breites Wasser, Hunde sind dort Fährleute. Sie sagen, wenn einer kommt, so schaut der Hund nach ihm aus, und wenn er seinen Herrn erkannt hat, so stürzt er sich ins Wasser, um seinen Herrn überzusetzen. Deswegen züchten die Eingeborenen sehr viele Hunde. Und man sagt, der weiße Hund und der schwarze können nicht nach dem Totenlande übersetzen, man sagt, der weiße spricht: 'Ich habe mich eben gewaschen', und der schwarze sagt: 'Ich habe mich eben schwarz geschminkt', nur er allein, der gelbe, kann über den Fluß [sic] setzen."[231]

---

221 Vgl. Dietrich, S. 72
222 Vgl. Dietrich, S. 66
223 Vgl. Dietrich, S. 66
224 Vgl. Dietrich, S. 71
225 Vgl. Seler1, S. 428
226 Vgl. Opferstein, S. 11
227 Seler2, S. 101
228 Vgl. Dietrich, S. 48
229 Vgl. Dietrich, S. 49
230 Dietrich, S. 50 f.
231 Opferstein, S. 15 f.

Der Hund spielt auch in den Unterwelten anderer Kulturen eine wichtige Rolle. Hier einige Beispiele: Garm und Fenriswolf in der Edda, Cerberus in der Aeneis, die Hundemeute der Hecate in der Aeneis (wobei die Meute in der Aeneis explizit gar nicht erwähnt ist); der kundige Leser weiß jedoch, dass Hecate stets mit Hunden unterwegs ist; der schakal- oder hundsköpfige Gott der Totenriten und Mumifizierung Anubis in den altägyptischen Totenbüchern der Pharaonen.

Auch Flüsse spielen in den Unterwelten anderer Kulturen eine wichtige Rolle. Einige Beispiele: Acheron, Phlegethon, Cocytus und Styx in der Aeneis; Gjöll in der Edda.

Mit Bezug auf die genaue Lage des Unterweltflusses chicunauhapan ergibt sich ein Widerspruch zwischen der Interpretation von Eduard Seler und den Codices Florentinus (Sahagún) und Vaticanus A. Nach Seler befindet sich chicunauhapan am Eingang der tiefsten untersten Hölle[232]. Die Codices Florentinus[233] und Vaticanus A[234] siedeln ihn *beide* am Eingang zu Mictlan an, sodass es sich um einen Grenzfluss zwischen der Ober- und Unterwelt handelt. Im weiteren Verlauf des Codex Florentinus ist von einem „breiten Wasser"[235], der einige Zeilen weiter einfach als „Fluss" bezeichnet wird. Man könnte hypothetisch davon ausgehen, dass es sich dabei ebenfalls um chicunauhapan handelt, der als „*neun*facher" Fluss die *neun*fache Unterwelt von oben kommend bis nach unten durchfließt, sodass er vor Mictlan opochcalocan erneut überquert werden muss.

Ehe sie in der neunten, untersten Teilunterwelt ohne Ausgang ankommen, also in Mictlan opochcalocan, müssen die Verstorbenen die Teilunterwelten „chicunauh-mictlan" durchwandern. Dafür gibt es zwei unterschiedliche Reihenfolgen in den Aztekencodices: die Reihenfolge gemäß dem Codex Florentinus (Sahagún) und die gemäß dem Codex Vaticanus 3738 (auch als Codex Vaticanus A bzw. Codex Ríos bekannt).

Hier die Reihenfolge nach dem Codex Florentinus:

- 1. Ebene: Erdoberfläche (Scheibe)

- 2. Ebene: Fluss chicunauhapan

- 3. Ebene: Ort, wo die Berge zusammenstoßen (vncan tepetl omonamiquja)

- 4. Ebene: Ort, wo die Schlange den Weg bewacht (in vtli qujpia yn coatl)

- 5. Ebene: vorbei an der grünen Eidechse (in xoxouhquj cuetzpalin)

- 6. Ebene: vorbei am Zeichen der Blume (in xochitonal)

- 7. Ebene: acht Hochsteppen (chicuey ixtlaoatl) und acht Hügel (chucue tiliuhcan)

- 8. Ebene: den Ort der Obsidianwinde (in itzehecaian), wo man große Not leidet und wo lauter Steinmesser vom Wind umhergetrieben werden.

- 9. Ebene: Ort des Irgendwie, wo die Türen links sind (opochqujiaoaiocan).[236]

„'Damit wirst du an die Stelle kommen, wo die Berge zusammenstoßen', und damit wirst du vorbeikommen an der grünen Eidechse, am Zeichen der Blume. Und damit wirst du verfolgen die acht Hochsteppen [Täler]. Und damit wirst du gelangen zu den acht Hügeln. Und damit wirst du gelangen an den Ort des Obsidianwindes [der wie ein Obsidianmesser schneidet]. Und an diesem Ort, dem Ort der scharfen Winde, sagt man, leidet man große Not (…)."[237] „Die Symbolik dieser einzelnen Stationen ist nicht einwandfrei aufzuschlüsseln, sie variiert auch in den einzelnen Darstellungen. (…) Die grüne Eidechse kann entsprechend dem sonstigen Gebrauch Symbol der Fruchtbarkeit und der geschlechtlichen Ausschweifung sein. Die Blume erscheint als Attribut der jungen Götter Xochipilli[238] und Xochiquetzal[239], sowie der ihnen verwandten Auiateteô, der Götter der Lust."[240]

Damit der Tote am Ort der Obsidianwinde nicht so viele Leiden erdulden muss, erhält er bei der Beerdigung Grabbeigaben, die ihn die Qualen in Mictlan leichter ertragen lassen, ihn schützen und die teilweise auch als Opfergaben für Mictlantecutli und Mictecaciuatl bestimmt sind.

Die Grabbeigaben: „Und deshalb von den Männern, die gestorben waren, ihre Federschmuckkoffer, ihre Schilde und

232 Seler1, S. 603
233 „Und ein Hündchen hat er als Begleiter (…), man sagt, daß [sic] er [sic] [den Toten] über den neunfachen Strom nach Mictlan setzt." Opferstein, S. 15
234 Dietrich, S. 41
235 Opferstein, S. 15 f.
236 Dietrich, S.39
237 Opferstein S. 14
238 Xochipilli: Gott der Lustbarkeit, der Tänze und Gesänge. Vgl. Seler Altmex2, S. 203
239 Xochiquetzal: Zwillingsschwester von Xochipilli. Göttin des Mondes, der Erde, der Blumen, der Liebe, der Tänze und Spiele. Vgl. de.wikipedia.org/wiki/Xochiquetzal [gesehen am 02.04.2016]
240 Dietrich S. 39 f.

Schwerter und all ihre Gefangenenfetische [Trophäen] und all ihre Mäntel und was alles zu ihrer Kleidung [zu ihrer Habe] gehört, verbrennen sie mit allem zusammen. Ebenso die Frauen, alles, ihre Körbchen, ihre [Haar?-] Strähnen, ihre Webketten, ihre Webehölzer, ihre Webemesser, ihre Bambusstäbe, ihre Halme, ihre Kämme werden mit allem zusammen verbrannt. Man sagt, er verteidigt [schützt] sich damit, will sich damit gegen den Wind schützen, um in dem Orte des scharfen Windes nicht zu sehr zu leiden. Und wer nichts sein eigen nennt, wer bloß so geht, leidet sehr, ist sehr im Unglück, wenn er nach dem Orte der scharfen Winde kommt."[241]

Hier die Reihenfolge nach dem <u>Codex Vaticanus A</u>:

- 1. Ebene: Erdoberfläche (Scheibe)

- 2. Ebene: Fluss chicunauhapan; Ort, wo man über das Wasser setzt (apanouayan)

- 3. Ebene: Ort, wo die Berge zusammenstoßen (tepetl imonamiquian)

- 4. Ebene: Obsidianmesserberg (itztepetl)

- 5. Ebene: Ort der scharfen Winde (itzeecayan)

- dann drei Orte, die bestimmte Todesarten bezeichnen:

6. Ebene: wo die Banner[242] flattern oder rauschen (pancuecuetlayan)
7. Ebene: wo man die Leute mit Pfeilen[243] erschießt (temiminaloyan)
8. Ebene: wo man das Herz[244] der Leute frisst (teyolloqualoyan)

- 9. Ebene: Der Totenort, wo die Gassen links sind (iz mictlan opochcalocan).[245]

Die Toten bleiben wegen ihrer Todesart (natürlicher Tod bzw. Tod durch Krankheit) in Mictlan und landen in der untersten Unterwelt Mictlan opochcalocan, aus der es kein Entrinnen gibt und in der die Toten endgültig ausgelöscht werden („Und in der neunfachen [tiefsten] Unterwelt geht alles zugrunde [ist alles aus]."[246]).

Mictlan ist ein Ort der Qualen und der Not. „Und alles, was hier auf der Erde nicht gegessen wird, wird in der Unterwelt gegessen. Und man sagt, es wird nichts anderes gegessen. In der Unterwelt herrscht große Armut und Not. Obsidianmesser werden umhergewirbelt, Sand wird umhergewirbelt, Bäume werden umhergewirbelt, Stachelpflanzen [werden umhergewirbelt], Feuersteinmesser werden umhergewirbelt, wilde Agaven [werden umhergewirbelt], Erdkakteen [werden umhergewirbelt], es ist sehr kalt, Kugelkakteen [werden umhergewirbelt]. Und Arbeit [Mühsal] lastet auf dem Volk."[247]

Nach *vier* Jahren kommen die Toten in der untersten Unterwelt Mictlan opochcalocan an; dort sitzt das <u>Totengötterpaar</u> <u>Mictlantecutli</u> und seine Gemahlin <u>Mictecacihuatl</u>[248] und frisst die Toten auf: „Miclantecutli, Mictecacihuatl essen in der Unterwelt Füße und Hände."[249] Dann verlöschen die Toten *endgültig* am „Ort, wo alle untergehen" (Tocempolihuiyan).[250]

Vor dem Gefressenwerden geben die Toten alles, was sie am Körper tragen und womit sie ausgestattet worden waren - ihre gesamte Habe also - an das Totengötterpaar. Sie wird symbolisch für diese Übergabehandlung gleichsam parallel zu den Geschehnissen in der Unterwelt auch in der Welt der Lebenden, also im Diesseits der Oberwelt, „nachgestellt". Nach seinem Tod wird der Leib des Verstorbenen zusammen mit seinem Hund eingeäschert. Zusätzlich wird seine Habe verbrannt. Ein erstes Verbrennen seiner Habe findet 80 Tage nach dem Tod statt. Dann wieder nach einem Jahr, nach zwei und drei Jahren und zum letzten Mal nach vier Jahren. Erst dann nämlich ist der Tote in der untersten Ebene Mictlan opochcalocan angelangt, wo er vernichtet wird. Die nun vollständig verbrannte Habe des Toten ist somit ein Symbol seiner endgültigen und vollständigen Auslöschung.[251] Damit endet auch die *vier*jährige Trauerzeit.

Das Sterben (Nahuatl „mique") eines für Mictlan bestimmten Menschen ist übrigens noch kein *endgültiger* Tod. Als <u>lebende Skelette</u> – Mictlan wird ja auch als <u>Ximoayan</u> („Ort der Fleischlosen") bezeichnet – treten sie ihren Weg in die unterste Unterwelt an. Damit sie sich als „Zombies" überhaupt in Mictlan „lebendig" bewegen können, benötigen sie

241 Opferstein, S. 14 f.
242 „Die Fahnen, rot-weiß gestreift, stehen für den Opfertod." Dietrich, S. 41. Gemeint sind Fahnen, die üblicherweise an Opferplätzen aufgestellt sind. Vgl. Seler Almex2, S. 48
243 „Mit Pfeilen erschossen werden sowohl bestimmte Geopferte, wie auch die im Kriege Gefallenen." Dietrich, S. 41. Nach Seler es sind nicht nur die von Pfeilen getroffenen Krieger, sondern auch auf Reisen von Pfeilen Getroffene (z. B. Kaufleute). Seler Altmex2, S. 48
244 „Das Herz zu fressen ist eine Fähigkeit einer bestimmten Sorte Zauberer. Hiermit soll wohl der Tod durch Zauberei ausgedrückt werden." Dietrich, S. 41. Seler bestätigt diese Interpretation. Seler Altmex2, S. 48
245 Dietrich, S. 41
246 Opferstein, S. 16
247 Opferstein, S. 20
248 Vgl. Dietrich, S. 45
249 Opferstein, S. 20
250 Vgl. Dietrich, S. 65
251 Vgl. Opferstein, S. 15

ein Herz (Für die Azteken ist das Herz der zentrale Sitz des Lebens.), das den gemeinen, nicht adeligen Toten in Form eines blauen Steins oder eines Obsidians am Begräbnisort ihrer Asche mit in die Erde gelegt wird. Könige bekommen als Herzersatz einen Türkis (chalchihuitl). (Die Sklavinnen und Sklaven der Könige werden nach dem Tod eines Königs umgebracht, verbrannt und mit den Königen bestattet.) Auch neugeborene Kinder werden als Inbegriff des Lebens als chalcihuitl (Türkise) bezeichnet. Das Himmelshaus Tamoanchan („das Haus des Herabkommens") wird daher mit dem Synonym Chalchimichyacan („Ort, wo man Edelsteine fischt") benannt.[252]

III.3.c) Der Totenort Tlalocan

Tlalocan ist die zweite Unterwelt der Azteken. Synonyme von Tlalocan sind Xiuhcalco (Nahuatl „des grüne Haus") und Acxoyacalco (Nahuatl „das Kiefernhaus")[253]. Anders als Mictlan handelt es sich hierbei allerdings um eine „Unterwelt" in der diesseitigen (!) Oberwelt, da Tlalocan *nicht* unter der Erde, sondern *auf der Erde auf den Bergen* liegt.[254]

Der Name Tlalocan bedeutet soviel wie „Ort des Tlaloc"[255]. Tlaloc ist der aztekische Regengott. „Da der Regengott nicht nur über den normalen, segensreichen und notwendigen Regen gebot, sondern auch über Flutkatastrophen und Unwetter mit Blitz und Donner, sowie, durch Zurückhaltung des Regens, auch über Dürre und Hungersnot, ist sein Machtpotential [sic] sehr hoch einzuschätzen."[256] Tlaloc ist außerdem noch der Gott der Fruchtbarkeit und der Vegetation[257] und natürlich der Herrscher über Tlalocan. Für den Namen Tlaloc existieren viele Herleitungen. „Er kann von tlaloa, 'eilen, laufen' abgeleitet werden, so daß [sic] Tlaloc 'der Eilende' hieße. Seler macht dagegen geltend, daß [sic] tlaloa ursprünglich 'aufsprießen' geheißen habe und übersetzt den Namen mit 'der da aufsprießen macht'. (...) Günter Lanczkowski schlägt die einleuchtende Ableitung von tlalli, 'Erde' und octli, 'Pulque[258]' vor und übersetzt Tlaloc mit 'Rauchtrank der Erde'. Bestimmend für alle Bedeutungen sind die Eigenschaften des Gottes als Herr des Regens und der Fruchtbarkeit der Vegetation."[259]

Tlaloc existiert jedoch nicht als Einzelperson, sondern ist geteilt in mehrere Regengötter, die tlaloquê, die alle stellvertretend für das Ganze „Tlaloc" stehen und auf den Gipfeln der Berge hausen.[260] Da sich die von der mexikanischen Golfküste kommende Feuchtigkeit in Wolkenmassen sammelt, die sich an den Bergen des Hochlandes von Mexiko anstauen und schließlich abregnen, befindet sich Tlalocan nach Sicht der Azteken auf den Gipfeln der Berge, von wo der Regen kommt.[261] Die Tränen von geopferten Kindern symbolisieren „metaphorisch" den Regen: „Und die Kindchen weinen, wenn ihre Tränen schnell hervorstürzen, wenn ihnen die Tränen an den Augen hängen, so sagt man: 'Es wird regnen'; ihre Tränen bedeuteten Regen."[262]

Wegen des Regens ist Tlalocan ein *irdisches* Paradies, ein sehr fruchtbarer Ort: „Niemals fehlen die grünen Maiskolben, die Kürbisse, das Kürbisblütengemüse, das Baumhaar, die grünen Pfefferschoten, die Tomaten, die grünen Bohnen, die gelben Tagesblüten. (...) Und in Tlalocan, sagt man, ist es immer grün, immer sproßt [sic] es, immer ist es Sommer."[263] Die Toten, die in dieses paradiesartige Reich des Tlaloc kommen, leiden niemals Not und sind glücklich und reich.[264]

Nach Tlalocan – anstatt Mictlan – kommen folgende Toten, die begraben und die – im Gegensatz zu denen, die nach Mictlan kommen – nicht verbrannt werden: „(...) die vom Blitz Erschlagenen, die Ertrunkenen, und die im Wasser sterben, und die Aussätzigen, die Syphilitiker und die Geschlechtskranken, und die an Krätze [Hautkrankheiten] und nicht heilende Vereiterungen leiden, und die Gichtkranken und die, die Aufschwellungen des Leibes dahinraffen, die an ansteckenden Krankheiten sterben. Diese, wenn sie sterben, werden nicht verbrannt, sondern man begräbt sie."[265]

Den Regengöttern tlaloquê werden an zwei Jahresfesten Opfer dargebracht, und zwar dort, wo sie auch verehrt werden: auf den Bergen.

Das erste Jahresfest am 1. Februar ist den tlaloquê gewidmet; es heißt Quauitl eua („die Bäume erheben sich"). „Am [Feste] 'die Bäume erheben sich' [oder 'machen sich auf den Weg'] feierte man die Regengötter und opferte überall auf den Bergen lauter Menschen. (...) An diesem Tage starben die kleinen Kinder, (...) dort auf den Bergen."[266] Am Quauitl

252 Dietrich, S. 300 und Opferstein, S. 17
253 Vgl. **Soustelle, Jacques: La Pensée cosmologique des Anciens Mexicains. Paris 1940[im Folgenden „Soustelle" genannt],** S. 45
254 Vgl. Soustelle, S. 45
255 Dietrich, S. 196
256 Dietrich, S. 203
257 Dietrich, S. 197 und Seler1, SS. 358 und 449
258 Pulque ist ein alkoholisches Gärgetränk aus fermentiertem Agavensaft. Vgl. de.wikipedia.org/wiki/Pulque. [gesehen am 10.04.2016]
259 Dietrich, S. 196 f.
260 Vgl. Soustelle, S. 45 und Seler1, S. 358
261 Vgl. Soustelle, S. 45
262 Opferstein, S. 71
263 Opferstein, S. 17 f.
264 Vgl. Opferstein, S. 17
265 Opferstein, S. 17 f.
266 Opferstein, S. 67

eua werden nicht nur Kinder, sondern auch Erwachsene geopfert. Dies geschieht in Form eines „sacrificio gladiatorio" (spanisch für „Schwertopfer"): Diese Opferart in III.3.f) näher beschrieben.

Am anderen Jahresfest zu Ehren der tlaloquê, am Atemoztli („Herabkommen des Wassers"), werden keine Menschen, sondern Abbilder der Regengötter aus Teig geopfert.[267]

III.3.d) Der Totenort In ichan tonatiuh ilhujcac

Der dritte Totenort der Azteken ist In ichan tonatiuh ilhujcac („Haus der Sonne im Himmel").[268] Dorthin kommen – ähnlich dem Ort Walhall in der Edda – die auf dem Schlachtfeld getöteten Krieger. Auch die gefangenen gegnerischen Krieger kommen ins Haus der Sonne im Himmel, aber nur als Geopferte und *nicht* als auf dem Schlachtfeld Getötete. Auch andere Geopferte kommen dorthin.

Des weiteren ist das Haus der Sonne im Himmel der Aufenthaltsort der auf einer Reise an Krankheiten verstorbenen oder bei Überfällen getöteten Großkaufleute.[269] Ihr Todesschicksal wird, aufgrund ihres gefährlichen Berufes, mit dem der gefallenen Krieger gleichgesetzt.[270]

Ins Haus der Sonne im Himmel kommen auch die im Kindbett gestorbenen Frauen. Da die Geburt von den Azteken als Kampf – wie der eines Kriegers – angesehen wurde, kehren auch sie nach ihrem Tod ins Haus der Sonne im Himmel ein.[271] Diese Frauen erhalten nach ihrem Tod den Rang einer Göttin und werden in Tempeln bestattet.[272] Bei Sahagún heißt es dazu: „Und diese im Kindbett gestorbene Frau, obwohl sie zum Weinen, zum Trauern Anlaß [sic] gab, weil sie an ihrem armen Bauch starb: wenn sie gestorben war, [oder] wie man sagte, [der Krieger] die Gestalt einer Frau angenommen hatte, so freuten sich doch andererseits die Eltern, und der Mann sehr, denn man sagte, sie geht in den Himmel, in das Haus der Sonne."[273] Beide, sowohl die im Kindbett gestorbenen Frauen als auch die auf dem Schlachtfeld gefallenen Krieger, werden nicht – wie Mictlan-Tote – verbrannt, sondern begraben[274] und dürfen nach ihrem Tod die Sonne bei ihrer Wanderung über den Himmel begleiten. Das Gleiche gilt auch für die Großkaufleute, die allerdings nicht begraben, sondern auf einem Gestellt festgebunden und auf einem Berg der Verwesung preisgegeben werden.[275]

Kaufleute, im Kindbett gestorbene Frauen und Geopferte gelangen *sofort* in das Haus der Sonne im Himmel.

Bis allerdings *Krieger* dorthin kommen, vergehen *vier* Jahre[276]. Was in dieser Zeit passiert, ist *unklar*, da es nirgends genau beschrieben wird.[277]

Es gibt jedoch ein Indiz für deren Aufenthaltsort während dieser vier Jahre, das zwei Hypothesen stützt. Sahagún sagt: „(...) sie alle treten ein in eine Art Hochtal."[278] Dieses Hochtal kann an zwei verschiedenen Orten liegen, nämlich *einerseits* im Haus der Sonne im Himmel, *andererseits* in Mictlan.

Dieses Hochtal beschreibt Sahagún wie folgt: „Und wo die im Kriege Gefallenen wohnen, da gibt es wilde Agaven, Dorngewächse und Haine von Akazien."[279]

Aufgrund dieser Beschreibung des „Hochtals" bei Sahagún lassen sich dazu zwei mögliche Deutungen anführen bzw. Schlussfolgerungen ziehen:

Da „Ort der Dornen" (huitztlan), „an den Dornen" (huitznahuac) oder „im Land der Dornen" (huitznahuacatllalpan) Beschreibungen für die Himmelsrichtung Süden sind und die Dornen mit den Dornengewächsen des „Hochtals" des Hauses der Sonne im Himmel in Verbindung gebracht werden können, kann In ichan tonatiuh ilhujcac als Synonym für die Himmelsrichtung Süden stehen (Genauso wie Mictlan für den Norden steht.).

Man kann das „Hochtal" jedoch auch in Verbindung bringen mit den Hochsteppen (7. Mictlan-Ebene im Codex Florentinus Sahagúns: acht Hochsteppen) des Nordens von Mictlan in Verbindung bringen. Das führt allerdings zu dem Schluss, dass die Kriegstoten *zunächst* nach Mictlan zu gehen hätten, bevor sie nach einer *vier*jährigen

---

267 Vgl. Opferstein, S. 221
268 Vgl. Seler 2, S. 685 und Opferstein, S. 18
269 Vgl. Seler2, S. 685
270 Vgl. Dietrich, S. 182
271 Vgl. Dietrich, S. 160
272 Vgl. Dietrich, S. 158
273 Opferstein, S. 27
274 Vgl. Seler2, S. 685
275 Vgl. Dietrich S. 181
276 Vgl. Opferstein, S. 19
277 Vgl. Dietrich, S. 150
278 Opferstein, S. 19
279 Opferstein, S. 19

Durchgangsphase in Mictlan zu <u>Sonnenbegleitern</u> werden würden.[280]

Einmal im Himmel angelangt, begleiten <u>Krieger</u> (aber *erst* nach einer Verweildauer von vier Jahren im Himmel) und <u>im Kindbett gestorbene Frauen</u> (*sofort* nach ihrem Tod) sowie Großkaufleute[281] und die Geopferten[282] die Sonne. Die Sonnenbegleitung durch die <u>Krieger</u> und <u>die im Kind verstorbenen Frauen</u> beschreibt Sahagún folgendermaßen: „(...) und sie [die Krieger] wohnen im Osten, wo die Sonne aufgehen wird. Noch in der Morgendämmerung machen sie sich bereit, ziehen ihre Kriegsrüstung an, gehen der Sonne bei ihrem Aufgang entgegen, holen sie hervor, rasseln vor ihr [mit Schneckenhäusern], machen ihr Kurzweil vor, Kämpfe, belustigen sich vor ihr, begleiten sie bis zum Zenith [sic], was man Mittag nennt. (...) Und Folgendes ist die Erzählung, die Legende von den Weibern (...), wenn die Sonne schon ihre Bahnen geht, machen sich die Weiber [die im Kindbett gestorbenen Frauen] fertig (...), gehen der Sonne bis zum Zenith [sic] entgegen. Dort nehmen sie aus der Hand der Krieger entgegen die Sonne; dort übergeben den Weibern die Sonne die im Kriege gestorbenen Krieger. (...) Und die Weiber fangen darauf an zu geleiten, hinabzuführen [am Himmel] die Sonne; (...) nach dem Orte, wo die Sonne untergeht; man sagt, sie übergeben sie den Leuten von Mictlan.“[283]

Die <u>Krieger</u> begleiten die Sonne allerdings nur, bis die Sonne an ihrem Zenit angekommen ist, am Mittag. Danach passiert mit ihnen etwas Besonderes: Sie „verwandeln sich in Vögel von glänzendem Gefieder: Kolibri, Blumenvögel, in gelbe Vögel (...); in (...) Schmetterlinge (...), und sie kommen hierher zur Erde, den Honig zu saugen aus allen Arten von Blumen (...).“[284] „Und dann [nachdem die Sonne an die Frauen übergeben haben] zerstreuen sie sich und saugen überall den Honig (...) aus den verschiedenen Arten von Blumen.“[285]

Die Schmetterlinge und Vögel gelten als Fortexistenz der Kriegstoten.[286] In der Gestalt von fliegenden Tieren kehren beide vom Haus der Sonne im Himmel aus auf die Erde zurück, um dort den Nektar bzw. Honig aus den Blumen zu trinken.[287] „Es ist außerordentlich schwierig, diese Art der Fortexistenz zu interpretieren. Es handelt sich <u>nicht</u> [sic] um eine Art 'Seelenvogel' (...). Die Krieger existieren ja zunächst einmal völlig in ihrer alten Kriegergestalt fort, um sich dann nach vier Jahren in Vögel zu verwandeln. Von dem Ausdruck tonalli 'Seele', ist im Zusammenhang dieses ganzen Prozesses überhaupt nicht die Rede. Auch um Seelenwanderung (...) kann es sich keinesfalls handeln. Den Vögeln, in die sich die toten Krieger verwandeln, wird anscheinend eine dauerhafte himmlische Existenz zuteil. (...) Man muß [sic] in diesem Zusammenhang im Auge behalten, daß [sic] im aztekischen Pantheon bestimmte Götter mit Vögeln verbunden sind, so um nur die bekanntesten Beispiele zu nennen, Huitzilopochtli mit dem Kolibri, Xochipilli[288] mit Quetzalcoxcoxtli[289], Xipe Totec[290], der Vegetationsgott, mit der Wachtel, dem Erdvogel [sic] und Tezcatlipoca mit der Eule oder dem Käuzchen. (...) Seler spielt damit auf das Phänomen des Nagualismus[291] an (...). Es handelt sich um die Simultanexistenz bestimmter Götter mit bestimmten Tieren.“[292]

III.3.e) Die Sonderstellung der Großkaufleute

Die Großkaufleute (Nahuatl „pochtecatl") stellten in der aztekischen Gesellschaft einen eigenen abgetrennten und spezialisierten Bereich der Gesellschaft dar. Sie hatten sogar ihren eigenen Gott <u>Yacatecutli</u> („der Herr an der Spitze"), den Gott der Kaufleute. Sein Wanderstab wird von den Kaufleuten beim Aufbruch, unterwegs und bei der Rückkehr verehrt. Vor deinem Aufbruch und bei der Rückkehr opferten die Kaufleute dem Feuergott <u>Xiuhtecutli</u>, der auch als Herr der vier Richtungen (Nauhyotecutli) angesehen wurde. Am Jahresfest Xocotl uetzi (s. III 3 f) verehrten die Kaufleute den Feuergott in einer besonderen Form als <u>Otontecutli</u>; Xocotl und Otontecutli sind dabei andere, identische Namen des Feuergottes. Daneben verehrten sie auch den Erdgott <u>Tlaltecutli</u>.[293]

Auffällig ist, dass die Kaufleute anscheinend auch eine enge Beziehung zu <u>Tezcatlipoca</u> hatten. Am <u>Toxatl-Fest</u> feierten

---

280 Vgl. Dietrich, S. 149 f.
281 Vgl. Dietrich, S. 181
282 Vgl. Dietrich, S.150, und Opferstein, S. 18 f.
283 Opferstein, S. 27 f.
284   Opferstein, S. 19
285   Opferstein, S. 28
286 Vgl. Dietrich, S. 150
287 Vgl. Dietrich, S. 150
288 Gott der Lustbarkeit, der Tänze und Gesänge. Vgl. Seler Altmex2, S. 203
289 Singvogelart. Vgl. Seler Altmex2, S. 219
290 Auch Gott der Goldarbeiter. Verursacht Haut- und Augenkrankheiten. Vgl. Seler Altmex2, S. 203
291 „Beim Nagualismus handelt es sich um einen vor allem in Zentral-Amerika und speziell Mexiko gepflegten Glauben an einen Schutzgeist in Tier- oder Pflanzen-Gestalt, den diesem Glauben zufolge ein jeder Mensch besitzt und der den Namen Nagual trägt. Dabei fühlt sich das jeweilige Individuum gleichsam in einer mystischen Gemeinschaft, einer 'schicksalhaften Simultanexistenz' verbunden: Sollte einer der beiden Partner durch Verletzung oder Tod betroffen sein, so widerfährt dies ebenso dem anderen *Nagual*." In: de.wikipedia.org/wiki/Nagualismus [gesehen am 03.04.2016]
292   Dietrich, S. 152 f.
293 Vgl. Dietrich, S. 185

sie den Geburtstag <u>Yacatecutlis</u> und <u>Tezcatlipocas</u>. „Auch Tezcatlipoca war ja ein Gott, der die Stämme auf der Wanderung geführt hatte. Darüber hinaus war er zu einem transzendenten Gott geworden, dessen Unfaßbarkeit [sic] und Allgegenwart (...) ausgedrückt werden konnte. Es ist möglich, daß [sic] der Aspekt seiner Omnipräsenz der wandernden Lebensweise der Kaufleute entgegenkam. (...) Denn dass Tezcatlipoca einen Aufstieg zum allmächtigen und höchsten Gott durchmachte, dessen Universalität den Machtbereich Huitzilopochtlis noch überstieg, geht schon aus den Gebeten im IV. Buche Sahagúns unzweifelhaft hervorgeht."[294]

Die Kaufleute waren auf Reisen auch ihre eigenen Priester, zelebrierten ihre eigenen Gottesdienste und hatten sogar ihre eigene Gerichtsbarkeit. Des weiteren wohnten sie gesondert, heirateten nur innerhalb ihrer Kaste und ergriffen ihren Beruf aus familiärer Tradition, sodass er von Kaufmann zu Kaufmann weitervererbt wurde. Diese besondere Stellung der Kaufleute ging darauf zurück, dass sie oft auf ihren langen und gefährlichen Reisen auf sich gestellt waren und deshalb ihre eigenen mobilen Institutionen benötigten. Ihre Arbeit war äußerst strapazenreich, gefährlich und risikoreich (z. B. Gefahr von Überfällen), aber von hoher wirtschaftlicher Bedeutung. Die Azteken schätzten Luxusartikel über alles: z. B. Türkise (chalchihuitl), Seemuscheln, die flachen Hornschuppen des Rückenschildes von Meeresschildkröten (Schildpatt), Schmuckvogelfedern, Tierfelle. Diese Produkte erwarben sie, indem sie ihre eigenen Erzeugnisse als Tauschware feilboten: z. B. Stoffe, Decken aus Kaninchenhaar, Goldschmuck, Gegenstände aus Obsidian So organisierten und führten sie lange Karawanen an Mexikos Pazifik- und Golfküste und zurück.[295]

„Überall kommen sie hin und hinein; und die Kaufleute werden 'die an der Spitze' genannt, sie haben ihren Namen von dem ihres Gottes 'Herr an der Spitze' bekommen (...). sie suchen, womit sie handeln können, sie durchstreifen das Küstenland (...), von der Sonne ermüdet, vom Winde ermüdet. (...) Dabei suchen sie den gründen Edelstein, de hellgrünen Jadesteine, den echten Türkis, den Bernstein, das Gold, die verschiedenen Arten von Schmuckfedern, (...) die Papageienfedern, (...) das Tigerfell, die Jaguarmatte; und Tongefäße, Räuchergefäße, Kürbisgefäße, Löffel für Kakao, Gefäßdeckel."[296]

Ein Teil der Kaufleute agierte als sog. <u>verkleidete Kaufleute</u>, womit Spione gemeint waren.[297]

„Wenn sie in feindliches Gebiet treten, eingeschlossen, bei fremden Leuten leben, tief eindringen, den Herrn wechseln, so ahmen sie in Tracht und Schmuck, (...) in der Sprache der Eingeborenen nach. Und wenn sie in eine schwierige Lage geraten, wenn sie gesehen worden sind, so töten sie, aus dem Hinterhalt heraus (...)."[298]

Aufgrund all dieser Besonderheiten kommen die Großkaufleute nach ihrem Tod quasi als Belohnung sofort ins Haus der Somme im Himmel, ohne die Qualen Mictlans erdulden zu müssen. Ihre Sonderstellung überträgt sich somit vom irdischen auf das himmlische Leben.

III.3.f) Die Opferarten

Bei den im Kampf gefangen genommenen Kriegern, die hinterher auf Jahresfesten geopfert wurden und ins Haus der Sonne im Himmel kamen, gab es sechs verschiedene Opferarten: <u>sacrificio gladiatorio</u> (spanisch „Schwertopfer", Nahuatl „oaoano"), lebend ins Feuer geworfen werden (tlenan tlaxo), erstochen werden (tlaxichvilo), auf dem Kugelkaktus geopfert werden (teoconvilo), Opferung durch Pfeilschüsse (cacalioa), mit Kienspänen umbunden geopfert werden (ocopotonilo).[299]

Das <u>sacrificio gladiatorio</u> fand beispielsweise am zweiten der achtzehn Jahresfeste statt, am <u>Tlacaxipehualtzli</u>, dem „Menschenschinden". Das Opfer wurde dabei lose an einen Stein gebunden und musste dann nur notdürftig mit einem mit Obsidian besetzten Holzschwert bewaffnet gegen einen anderen gut bewaffneten Kämpfer bis zur Erschöpfung kämpfen. Anschließend wurde dem Opfer die Haut abgestreift und als Zeichen der Vegetation von den Priestern als rituelles Kleidungsstück getragen. Die Priester schlüpften in die Rolle des Vegetationsgottes <u>Xipe Totec</u>.[300]

Am Tag des „großen Totenfestes" (Uei miccailhuitl) zu Ehren des Feuergottes <u>Otontecutli</u>, das auch „der Xocotl kommt herab" (Xocotl uetzi) genannt wurde, und auch am Fest „der Gott kommt herab" (Teotl eco) zu Ehren von <u>Huitzilopochtli</u> wurden zu opfernde Menschen lebend ins Feuer geworfen.[301]

Die Opferart tlaxichvilo ist nicht eindeutig identifizierbar. Der Tod des Opfers tritt entweder durch Erstechen oder durch Pfeilschüsse ein. Derart Getötete werden als Opfer dem Vegetationsgott <u>Xipe Totec</u> und der Erdgöttin <u>Toci</u> dargebracht.

Bei der Opferung auf einem Kugelkaktus (Pflanzengattung echinocactus) werden Menschen rücklings auf eine

---

294 Vgl. Dietrich, S. 185 f.
295 Vgl. Dietrich, S. 183
296 **Schulze Jena, Leonhard, Eduard Seler und Sabine Dedenbach-Salazar-Sáenz (Übersetzer): Aus der Welt der Azteken. Die Chronik des Fray Bernardino de Sahagún. Frankfurt am Main 1989. Buch 1. 19. Kapitel[im Folgenden „Azteken" genannt], S. 28 f.**
297 Vgl. Dietrich, S. 183
298 Azteken, Buch I, 19. Kapitel, S. 29
299 Vgl. Dietrich, S. 138
300 Vgl. Dietrich, S. 139 sowie Opferstein, SS. 72 und 80
301 Vgl. Opferstein, S. 146 sowie Dietrich, S. 143

Kugelkaktee – anstatt auf den sonst üblichen Opferstein – gelegt. Anschließend wird ihnen die Brust mit einem Obsidianmesser aufgeschnitten und das Herz herausgerissen. Derartige Opfer wurden unmittelbar vor dem Ausbruch von Kriegen vollzogen.[302]

Die Opferart ocopotonilo lässt sich nicht eindeutig identifizieren. „Am ehesten dürfte es auf die Bestattungsbräuche zu beziehen sein. Wir hören nämlich, daß [sic] bei der Bestattung der Kriegsgefallenen mit Kienspänen umbundene Abbilder von ihnen hergestellt werden, vor denen man trauert. Analog hierzu vollzieht man diesen Brauch auch bei der Bestattung der Könige. In dieser Tatsache dürfte wieder ein Indiz für die Tendenz zu sehen sein, die Verbindung zwischen Todesart und Totenreich zu lockern und das Haus der Sonne als ein Totenreich der herrschenden Klasse aufzufassen. In Angleichung an den Kriegerstand wurde auch von den auf der Reise verstorbenen Großkaufleuten ein Abbild (…) in Gestalt eines Bündels (…) aus Kiefernholzspänen angefertigt, um an diesen die Totenzeremonie vorzunehmen. Zusammenfassend kann man feststellen, daß [sic] in der Aufzählung Sahagúns eine Art 'Gleichschaltung' der Opferarten zum Ausdruck kommt. Im Kontext der bei dieser Gelegenheit zur Sprache gebrachten Überlieferungen hören wir (...) von recht verschiedenen Opferarten (…). Diese Opferarten sind nun aber alle integriert in den Opferkult Huitzilopochtlis in die Herzopfer an die Sonne."[303]

Alle Opferarten erscheinen uns als äußerst brutal, die Geopferten werden jedoch dafür im Jenseits „fürstlich entlohnt", in dem sie in den Himmel kommen und dort die Sonne begleiten dürfen. Der Tod durch Opferung ist somit nicht sinnlos; denn die Geopferten sorgen dafür, dass der Kosmos nicht zusammenstürzt, indem sie die Sonne jeden Tag über den Himmel führen. Der Totenort „Haus der Sonne im Himmel" (In ichan tonatiuh ilhujcac) ist somit eng verbunden mit der Welt der Lebenden, da ohne Sonnenlicht Mais, das Hauptnahrungsmittel der Azteken, nicht gedeihen kann. Ähnlich christlichen Märtyrern (z. B. der durch Pfeilschüsse getötete Sebastian), die sich für den Fortbestand ihres Glaubens opferten, wurden die aztekischen Kriegsgefangenen für den Erhalt der Welt geopfert.

III.3.g) Der Totenort Xochatlapan mit dem Ammenbaum Chichiuacuavitl am Ort Chichihuacuauhoc

An den Totenort Xochatlapan („das Gartenland") kommen alle Kinder, die sterben, noch bevor sie einen Verstand entwickeln können. Sie trinken dort die Milch, die aus dem Ammenbaum Chichiuacuavitl tropft, der am Ort Chichihuacuauhoc wächst. Letzterer befindet sich im Gartenland, das wiederum Teil des obersten der dreizehn Himmel ist, der Tamoanchan genannt wird. Tamoanchan ist eigentlich kein Totenort, sondern der Ort, von wo nach Vorstellung der Azteken das Leben kommt. Das Leben wird vom Tonacatecutli und seiner Gemahlin Tonacaciuatl geschaffen und kommt dann auf die Erde herab. Daher ist Tamoanchan „das Haus des Herabkommens". An diesem Ort des Erschaffens von Leben gelangen nun die toten Kleinkinder, und zwar ausschließlich sie.[304]

302 Vgl. Dietrich, S. 144
303 Dietrich, S. 147
304 Vgl. Dietrich, S. 261 f.

Zusammenfassung

A. Gemeinsamkeiten der Unterwelten von Edda, Aeneis und Aztekencodices

A. Gemeinsamkeiten aller Unterwelten		
Edda (Wikinger/Nordgermanen)	**Aeneis (Römer)**	**Aztekencodices (Azteken)**
1. Höllenhunde Fenriswolf/Garm in Hel	Cerberus am Orcus-Eingang/Hecates Hunde	Gelber/roter Hund als Totenbegleiter in Mictlan
2. Totenorte 1. Walhall in Asgard 2. Hel unter Yggdrasil 3. Rán am Meeresgrund 4. Gimle und Idawöl nach Ragnarök	Orcus unter der Erde inklusive: - Vorhalle - Namenloser Bezirk der zu Unrecht zum Tod Verurteilten und der vorzeitig verstorbenen Kinder - Namenloser Bezirk für Kriegstote des Thebanischen und Trojanischen Krieges - Trauergefilde für Selbstmörder aus Liebeskummer - Tartarus - Elysium	1. Mictlan unter der Erde 2. Tlalocan auf der Erde (Berge) 3. Haus „In ichan tonatiuh ilhujcac" im Himmel 4. Xochatlapan im Haus „Tamoanchan" im Himmel
3. Unterweltgötter 1. Totengöttin Hel in Hel 2. Odin in Walhall 3. Totengöttin Rán in Rán	1. Pluto (= Dis oder Dis pater) + Proserpina im Orcus 2. Hecate im Orcus	1. Mictlantecutli + Mictecaciuatl in Mictlan 2. Tezcatlipoca in Mictlan (wohnt ohnehin überall) 3. Tlaloc in Tlalocan 4. Tonacatecutli + Tonacaciuatl in Tamoanchan 5. Tonatiuh in In ichan tonatiuh ilhujcac
4. Unterweltflüsse 1. Gjöll (Grenzfluss) 2. Hvergelmir (Teilunter welt und Strafort → Meineidige + Mörder) 3. Vadgelmir (Strafort → Lügner) 4. Slidr (ohne Funktion) 5. Geirvimull (ohne Funktion)	1. Styx (Grenzfluss) 2. Acheron (Grenzfluss) 3. Phlegethon (den Tartarus umfließender Grenzfluss) 4. Cocytus (Strom des Wehklagens) 5. Lethe (Strom des Vergessens)	Chicunauhapan (Grenzfluss)
5. Unterweltfluss als Grenzfluss Gjöll	Styx, Acheron, Phlegethon	Chicunauhapan
6. Orte für Kriegstote Walhall in Asgard	1. Namenloser Bezirk für Tote des Thebanischen und Trojanischen Krieges im Orcus 2. Elysium im Orcus	Haus der Sonne im Himmel (In ichan tonatiuh ilhujcac)
7. Totenrichter 1. Hel in der Erzählung über Balder 2. Oberster nicht näher definierter Richter	1. Rhadamanthus 2. Minos + Rat der Schweigenden	Tezcatlipoca (nur zu Lebzeiten der Menschen, *nicht* in Mictlan)
8. Die Neun als magische Zahl 1. 9 Unterwelten (nur Hel, Niflheim, Nastrand und Hvergelmir erwähnt werden) 2. Thor läuft nach Biss der Midgardschlange noch 9 Schritte.	9-fache Windung des Unterweltflusses Styx	1. 9 Teilunterwelten in Mictlan 2. 9 Himmelsrichtungen 3. 9 Herren der Stunden der Nacht 4. 9-facher Fluss chicunauhapan
9. Lage der Unterwelten Unter der Erde → Hel	Unter der Erde → Orcus	Unter der Erde → Mictlan
10. Bestattungszwang Hand- u. Fußnagelbeschneidung der Toten zur Bauverzögerung von Naglfar und somit zur Verzögerung von Ragnarök	ohne Bestattung kein Zugang zum Orcus	Grabbeigaben für die Linderung der Leiden in Mictlan
11. Führer in eine neue Welt Führer: Asen → Asgard	Führer: Aeneas → Rom	Führer: Huitzilopochtli/Tenoch → Technochtitlan

Außer Frage steht, dass sich die Menschen – ungeachtet ihrer Kultur und Religion – immer schon damit auseinandergesetzt haben, was sie wohl nach dem Tod erwarten würde. Deshalb ist es kaum verwunderlich, dass sowohl die Wikinger und Nordgermanen als auch die Römer und Azteken Totenorte bzw. Unterwelten kannten. Erstaunlicher ist jedoch, dass bei allen drei Kulturen verblüffende Ähnlichkeiten im Aufbau der jeweiligen Unterwelt vorhanden sind.

A.1. Höllenhund

Ein „Höllenhund" ist fester Bestandteil aller Totenorte: in der Edda, der Aeneis und bei den Azteken in Mictlan. Der Autor könnte sich vorstellen, dass dies wohl darauf zurückzuführen ist, dass der Hund als domestizierter Wolf seit der Sesshaftigkeit des Menschen eines der wichtigsten Nutztiere des Menschen war. Der Hund diente als Jagd- und Hütehund. Er war zudem ein lebender Warnmelder vor heranrückenden Gefahren und so ein Bewacher von Haus und Hof.

Bei den Azteken übernimmt der Hund in Mictlan außerdem noch die besondere Rolle des Fährmanns über den Unterweltfluss Chicunauhapan. Jeder Lebende hat bereits zu Lebzeiten einen Hund, der beim Tod seines „Herrchens" oder „Frauchens" getötet und mit bestattet wird. In Mictlan warten die toten Menschen dann am Ufer des Chicunauhapan, bis sie von ihrem jeweiligen Hund auf der anderen Seite des Unterweltflusses erkannt werden, herüberschwimmen und ihr „Herrchen" oder „Frauchen" als „Fährmann" auf die andere Seite in die weiteren Teilwelten von Mictlan geleiten. Dies zeigt erneut die Wichtigkeit des Hundes als ständiger Begleiter des Menschen – sogar über den Tod hinaus. Überhaupt gab es bei den Azteken nur zwei Haustiere: den Truthahn (zum Essen) und den Hund in Vielfachfunktion zu Lebzeiten und nach dem Tod.

A.2. Totenorte

In allen betrachteten Kulturen gibt es eine Unterwelt, die entweder aus einem einzigen Ort (Orcus) oder aus mehreren (Hel, Rán, Walhall, Gimle/Idawöl; Mictlan, In ichan tonatiuh ilhujcac, Tamoanchan, Tlalocan) bestehen, die sich entweder unter der Erde (Hel, Orcus, Mictlan), auf dem Meeresboden (Rán), auf der Erde selbst (Tlalocan) oder auch im Himmel (Walhall, In ichan tonatiuh ilhujcac, Tamoanchan) befinden. In der Edda gibt es nach Ragnarök sogar einen neuen Himmel (Gimle: überlebende Menschen, Idawöl: überlebende Götter), den es in den anderen Kulturen nicht gibt (Bei den Römern gibt es keinen Weltuntergang. Was bei den Azteken in der neuen, fünften Welt mit den Totenorten passiert, wäre Gegenstand einer neuen Untersuchung.).

Alle drei Kulturen besitzen Unterwelten *unter* der Erde: Hel, Orcus, Mictlan.

Die unter der Erde liegenden Totenorte sind ihrerseits wieder in stockwerkähnliche Schichten (Hel, Mictlan) oder Bezirke und Hauptorte (Orcus) unterteilt. Hel ist zwar auch in viele Unterwelten unterteilt, von denen aber in der Edda nur einige wenige mit Namen genannt werden: Nastrand, Hvergelmir, Niflheim.

Der Orcus stellt gegenüber den Unterwelten der anderen beiden Kulturen in mehrfacher Hinsicht eine besondere Ausnahme dar:

- Der Orcus kann auch von Lebenden betreten werden, wenn sie einen goldbelaubten, der Juno geweihten Zweig mitbringen. - Theoretisch kann übrigens auch Hel von Lebenden betreten werden, was auch ein einziges Mal geschieht, als der sterbliche Gott Hermodr seinen getöteten Bruder Balder aus Hel holen will.

- Diejenigen Seelen, die im Tartarus für ihre weltlichen Sünden gebüßt haben, können ihn in Richtung Elysium verlassen. Gewisse (wie die Titanen und Theseus), die sich im tiefsten Abgrund des Tartarus aufhalten müssen, müssen ewig dort bleiben.

- Zudem gibt es die Vorhalle, bestimmte Bezirke (namenloser Bezirk für die vorzeitig verstorbenen Kinder; namenloser Bezirk für die zu Unrecht zum Tod Verurteilten; namenloser Bezirk für schuldlose Selbstmörder; Trauergefilde für Selbstmörder aus Liebeskummer; namenloser Bezirk für Kriegshelden des Thebanischen und Trojanischen Krieges) sowie die Teilunterwelten Tartarus und Elysium. In die Vorhalle gelangen frisch Verstorbene. Dort ist aber auch der Wohnort vieler mythischer Ungeheuer (z. B. Lernäische Hydra, Kentauren, Gorgonen), die in der Welt der Lebenden ihr Unwesen treiben, aber auch in der Ober- *und* Unterwelt (z. B. Hydra) auftreten.

A.3. Unterweltgötter

Beim Vergleich der Unterwelten ist außerdem zu erkennen, dass überall Unterweltherrscher – vorhanden sind. Der Autor hält es für möglich, dass hierin eine Widerspiegelung der Regierungsform zu Lebzeiten der Menschen gesehen werden kann. So haben die Römer im Laufe ihrer Geschichte als oberste Herrscher Könige, Konsuln und Kaiser, die Wikinger und Nordgermanen Kriegerfürsten, Jarle und Könige, die Azteken Könige, die sie regierten.

Diese Herrscher treten allerdings in der Unterwelt entweder als Paar (Gott/Göttin: <u>Pluto = Dis = Dis pater + Proserpina</u>, <u>Mictlantecutli + Mictecaciuatl</u>) oder nur als Einzelgottheit (entweder männlich oder weiblich: Hel, Rán, Hecate[305], <u>Tezcatlipoca, Tlaloc, Tonatiuh</u>) auf. Rán hat zwar einen Gatten, Ägir. Letzterer ist jedoch nur der Gott der Meere. Während Rán sich auf dem Meer Opfer sucht. Es handelt sich also um eine Art Aufgabenteilung.

Miclantecutli und Mictecaciuatl zerstören in der untersten Unterwelt das letzte Überbleibsel eines Menschen, der dann von ihnen gefressen und somit endgültig ausgelöscht wird. Auch der Drache Nidhögg trinkt in Nastrand das Blut der dortigen Verbrecher und zerreißt sie.

Pluto und Proserpina sind zwar Herrscher über den Orcus, ihre jeweilige Rolle und ihre Aufgaben werden in der Aeneis allerdings nicht aufgeführt. Wenn sich die toten Seelen ins Elysium begeben, müssen sie durch den Palast des Dis (= Pluto). Was dort passiert, wird in der Aeneis ebenfalls nicht genannt. Es kann gemutmaßt werden, dass Schuldhafte, die sich nicht freiwillig auf den linken Weg zum Tartarus begeben haben, dort von Pluto und Proserpina zurückgeschickt werden; denn an der Verzweigung zum Palast des Dis (rechter Weg) und zum Tartarus (linker Weg) sitzt kein „Weichensteller".

A.4. Unterweltflüsse

Auch die Flüsse spielen in den jeweiligen Unterwelten eine wichtige Rolle. Aber schon auf der Welt der Lebenden ist Wasser neben der Luft eines der wichtigsten Elemente: lebenspendendes Wasser, scheinbar unüberwindliches Hindernis, <u>Grenze</u> zwischen bekannten und unbekannten Territorien, Handelsweg, trennendes Element zwischen Kontinenten. Für die Römer war Wasser in Form von Flüsse Grenzen zu fremden Territorien. Die Donau (lateinisch „Ister") beispielsweise war als sog. Nasser Limes die Grenze zu Germanien. Sie war aber auch ein wichtiger Handelsweg und sogar Transportweg für Truppen. Die Römer unterhielten Handels- und Kriegsflotten auf Flüssen und Meeren (z. B. auf dem Mittelmeer, lateinische „Mare nostrum").

Für die Wikinger waren Meere und Flüsse wichtige Handels- und Raubzugrouten, die sie mit ihren gleichermaßen fluss- und meerestauglichen Langbooten erfolgreich befuhren. Auch bei den Azteken spielt Wasser als trennendes, aber auch lebensspendendes Element (Regen für ihre wichtigstes Lebensmittel, den Mais) ein außerordentliche Rolle. In ihrer Vorstellung bestand die Erde aus einer Scheibe, die vollständig von Wasser umschlossen war. Auch die Wikinger und Nordgermanen stellten sich die Erde als Scheibe vor; auch hier war die Erdscheibe komplett von Wasser umgeben. Daher erscheint es dem Autor plausibel, wenn Flüsse auch in der Unterwelt eine Rolle spielen und beispielsweise die Oberwelt von der Unterwelt trennen.

<u>Grenzflüsse</u> gibt es in der Edda (Gjöll), in der Aeneis (Styx, Acheron, Phlegethon) und bei den Azteken (Chicunauhapan). Alle genannten Flüsse – mit Ausnahme des Phlegethon - trennen die Ober- von der Unterwelt. Der Phlegethon (Flammenstrom) trennt den Tartarus vom Orcus.

Die anderen Unterweltflüsse erfüllen bestimmte Aufgaben: Hvergelmir (Teilunterwelt und <u>Strafort</u> für Meineidige und Mörder), Vadgelmir (<u>Strafort</u> für Lügner)[306], Cocytus (Fluss des <u>Wehklagens</u>)[307], Lethe (Strom des <u>Vergessens</u>)[308].

A.5. Unterweltflüsse als Grenzflüsse

Alle drei Kulturen kennen Unterweltgrenzflüsse: Gjöll (Edda); Styx, Acheron, Phlegeton (Aeneis); Chicunauhapan (Azteken).

A.6. Orte für Kriegstote

Die Wikinger und Nordgermanen, die Azteken und die Römer waren <u>kriegerische Völker</u>. Der Feldbau der Wikinger war nicht sehr ertragreich. Sie suchten daher stets nach neuen Siedlungsgebieten bzw. zogen aus, um auf Raubzügen die Güter zu erbeuten, die sie für ihr Leben benötigten. Ihr Aktionsradius reichte von Skandinavien bis Nordamerika, Grönland, Island, die Lofoten, die Britischen Inseln, Nord- und Zentralrussland, nach Frankreich, Spanien, Portugal, ins Mittelmeer, nach Italien, ins Schwarze und Kaspische Meer. Ohne ausgezeichnete Navigationskenntnisse, ohne Kriegs- und Handels-Know-how und ohne meeres- und gleichzeitig flusstaugliche Langboote wäre dies nicht möglich gewesen. Dafür waren erfahrene Krieger nötig, die wegen ihrer Taten und ihres Know-hows nach ihrem Tod durch ihre Aufnahme in Walhall speziell geehrt wurden. Für die germanisch-wikingischen Einherier geht der Kampf nach dem Tod sogar noch weiter, wenn sie – zusammen mit Odin – zu den Ragnarök gegen die dunklen Mächte der Unterwelt antreten

---

305 Hecate spielt in der Aeneis im Orcus keine direkte Rolle.
306 In welcher Teilunterwelt innerhalb Hels er sich befindet, ist er in der Edda nicht aufgeführt.
307 Verstorbene, die aus ihm trinken, bemerken hier, dass sie endgültig tot sind und klagen deshalb.
308 Aus ihm trinken die Bewohne des Elysiums, ehe sie – von Gott Merkur gerufen – von der Unterwelt reinkarniert in die Oberwelt gelangen. Nach dem Trinken vergessen sie ihre bisherige Identität.

41

müssen. Um für Ragnarök „fit" zu bleiben, müssen sie in Walhall auch nach ihrem Tod noch ständig dort trainieren.

Die Römer erweiterten ihr Reich ständig, bis es unter Kaiser Trajan im 1. Jahrhundert n. Chr. seine größte Ausdehnung erlangte. Es reichte von Nordengland bis in den Maghreb und nach Ägypten sowie von Portugal bis in den Nahen Osten und ins Zweistromland. Ohne die römische Armee mit Infanterie, Reitertruppen, Artillerie sowie Fluss- und Meeresflotte, die bestens trainiert und ausgerüstet war, wäre diese Ausweitung nie möglich gewesen. Daher resultiert wohl auch die Tatsache, dass Krieger in der Aeneis durch den Zugang zum Elysium auch nach ihrem Tod eine besondere Ehrung erfahren. Wie in Walhall finden auch im Elysium Kämpfe der Krieger statt, die jedoch – im Gegensatz zu Walhall - allein dem Zeitvertrieb dienen.

Die Azteken waren wahrscheinlich aus dem Norden (Westen der heutigen USA) nach Zentralmexiko eingewandert, wo sie sich Kriege mit ihren neuen Nachbarn lieferten. Zunächst waren sie selbst Vasallen, ehe sie umliegende Völker tributpflichtig machten. Für ihre Menschenopfer führten sie ständig sog. Blumenkriege, die nicht der Eroberung, sondern lediglich der Jagd nach Menschenopfern dienten. Krieger waren also auch bei den Azteken wichtige Teile der Bevölkerung. Als besondere Ehrung kamen sie sofort ins Haus der Sonne im Himmel „In ichan tonatiuh ilhujcac".

A.7. Totenrichter

Nicht nur Herrscher, sondern auch Richter spielen in allen Unterwelten eine gewisse Rolle. Der Autor vermutet darin den Wunsch der Menschen, dass wenigstens nach dem Tod Gerechtigkeit geübt werde.

Bei den Wikingern und Nordgermanen spielt der Unterweltrichter zwar eine eher nebensächliche Rolle, da Gerechtigkeit bereits zu Lebzeiten durch das Thing und das Gottesurteil hergestellt wird – zumindest formal -, dennoch findet sich in der Snorra-Edda eine Textstelle, an der Hel darüber richtet, ob Balder aus der Unterwelt entlassen werden soll. In der Lieder-Edda findet sich zudem eine Textstelle, an der ein oberster nicht näher definierter Richter genannt wird.

Bei den Römern wiederum hat das Rechtswesen eine große Tradition und war – auf der griechischen Vorlage basierend – sehr weit entwickelt. Die Römer schließen Fehlurteile dennoch nicht aus; dafür existiert im Orcus der Totenrichter Minos, der zu Unrecht zum Tode Verurteilte im Nachhinein noch Gerechtigkeit zuteil werden lässt.

Bei den Azteken gibt es in der Unterwelt Mictlan keinen Richter. In der irdischen Welt nimmt Tezcatlipoca die Rolle eines Richters ein. Ein Mal im Leben muss man bei den Priestern des Tezcatlipoca eine „Ohrenbeichte" ablegen. Tezcatlipoca entscheidet dann über Bußwerke, die zu Lebzeiten zu erbringen sind, damit sich die Lebenszeit verlängert. Auch Rhadamanthus nimmt auf dem Vorplatz zum Tartarus eine Art Ohrenbeichte ab, indem er die Schuldigen zwingt, ihre Taten zu gestehen. Dieses Geständnis ist dann wohl ausschlaggebend für die Bemessung des Strafmaßes im Tartarus und ob ein Schuldiger nach Verbüßen seiner Straftaten im Tartarus diesen Strafort auch in Richtung Elysium verlassen darf. Dies wird jedoch so nicht explizit in der Aeneis erwähnt und kann nur gemutmaßt werden.

A.8. Die Neun als magische Zahl

Welche Bedeutung die Zahl neun (neun Teilunterwelten in Hel) in der Edda und in der Aeneis (neunfache Windung des Styx) hat, kann der Autor dieser Seminararbeit nicht sagen; es wäre Gegenstand einer anderen, neuen Untersuchung.

Auffallend ist, dass es in der Edda und in den Aztekencodices jeweils neun Teilunterwelten gibt. Zusammenhänge wären ebenfalls Gegenstand einer anderen, neuen Untersuchung.

Bei den Azteken gibt es zumindest Anhaltspunkte: So symbolisiert die Neun die neun Stunden der Nacht (ergänzt durch die dreizehn Stunden des Tages), die durch die durch die sog. neun Herren der Stunden der Nacht dargestellt werden: Xiuhtecutli (Feuergott), Itzli (Obsidianmesser-Gott), Piltzinteotl (Gott der Fürsten), Cinteotl (Maisgott), Miclantecutli (Gott der Unterwelt), Chalchiuhtlicue (Wassergöttin), Tlacolteotl (Erdgöttin), Tepeyollotl (Gott der Höhlen), Tlaloc (Regengott).[309]

Die Zahl neun taucht auch bei Darstellungen der neun Himmelsrichtungen auf, die ihrerseits durch Götter repräsentiert werden:

    –   vier Haupthimmelsrichtungen

      . Norden: Mictlantecutli/Mictecaciuatl, weißer Tezcatlipoca
      . Osten: Tonatiuh (Sonnengott), Itzli, roter Tezcatlipoca
      . Süden: Tlaloc, Xolotl (Gott der Zwillinge), Tepeyollotl
      . Westen: Tlacolteotl, Chalchiuhtlicue, Metztli (Mondgöttin)

---

309 Seler1, S. 605 f.

- Mitte: Xiuhtecutli, zweifarbiger Tezcatlipoca

- vier Zwischenhimmelsrichtungen Nordosten, Südosten, Südwesten, Nordwesten[310]

Im kalten Norden, von wo die Vorfahren der Azteken, die Jägernomaden der Tolteken und Chichimeken, kamen, liegt das Totenreich Mictlan. Mictlan ist im Nahuatl auch das Wort für Norden.

Im Osten geht die Sonne auf. Daher wird der Osten durch Tonatiuh versinnbildlicht. Dort liegt auch In ichan tonatiuh ilhujcac.

Im Christentum spielte die Himmelsrichtung Osten in früheren Zeiten auch eine bestimmte Rolle; mittelalterliche Kirchen, wie z. B. der Kölner Dom, sind geostet, d. h., ihre Apsis ist nach Osten ausgerichtet. Die Hauptportale befinden sich entweder im Westen, Norden oder Süden. Unter der Vierung des Kölner Domes befindet sich ein Sonnenmosaik, das Christus als Lichtbringer symbolisiert. Der Kölner Dom ist ein Sinnbild für das Himmlische Jerusalem, das Paradies, das dort liegt, wo die Sonne – Christus – aufgeht. Tritt man durch das Westportal des Kölner Domes ein, landet man zunächst im Dunkeln. Je weiter man geht, umso näher kommt man dem Licht. Die Höhe des Domes (vierthöchste Kirchenschiff der Welt) versinnbildlicht gleichermaßen die Nähe zum Himmel und die Auferstehung Jesu.

Im Westen geht die Sonne „in der Erde" unter. Daher wird diese Himmelrichtung mit Tlacolteotl dargestellt.

Im Christentum taucht die Zahl 9 bei Markus 15,34 auf: Todesstunde Jesu am Kreuz. In der Apostelgeschichte (3,1; 10,3; 10,30) ist die 9. Stunde die des Gebets. In Lukas 1,10 ist es die des Abendopfers.

A.9. Lage der Unterwelten

Edda, Aeneis und Aztekencodices kennen Unterwelten unter der Erde: Hel, Orcus und Mictlan. Es handelt sich um Gegenwelten. Asgard und Walhall kämpfen an Ragnarök gegen die dunklen Mächte von Hel. Aus dem Orcus, genauer gesagt aus der Teilunterwelt Elysium steigen die Wiedergeborenen hervor. In Mictlan verlöschen alle, die eines natürlichen Todes, an „normalen" Krankheiten oder an Altersschwäche gestorben sind. In der Gegentotenwelt im Himmel überdauern Krieger, im Kindbett gestorbene Frauen und Geopferte und auf Reisen gestorbene Kaufleute und wirken so am ewigen Kreislauf der Sonne teil.

A.10. Bestattungszwang

In der Aeneis müssen die Toten bestattet werden, damit sie überhaupt in den Orcus gelangen können, sonst verbleiben sie als Schatten in der Vorhalle. „Bestattet" bedeutet unter anderem, dass ihnen der für den Unterweltfährmann wichtige Obolus unter die Zunge gesteckt und ein Honigkuchen als Essen für den Fährmann beigegeben wird; ohne dieses Fährgeld und das Essen setzt Charon niemand über den Unterweltfluss Styx. Ein Toter hätte somit nicht die Chance, ins Elysium zu gelangen.

Auch bei den Azteken mussten die Mictlan-Toten bestattet und – nebst ihrem Hund – Beigaben als Opfer für das Unterweltpaar und zur Erleichterung ihrer Leiden (z. B. gegen die Obsidianwinde) beigegeben werden. Zudem erhielten sie als Herzersatz einen blauen Stein oder einen aus Obsidian bzw. einen Türkis (Könige).

Zur Bestattung an sich ist in der Edda im Zusammenhang mit der Unterwelt Hel keinerlei Angaben zu finden.

Bei den Wikingern und Nordgermanen müssen unbedingt die Hand- und Fußnägel geschnitten werden, um den Bau des Schiffes Naglfar, das aus menschlichen Hand- und Fußnägeln besteht, zu verzögern: je kleiner die Nägel, desto weniger Baumaterial gibt, desto weiter verschiebt sich auch Ragnarök zeitlich nach hinten.

A.11. Führer aus einer alten Welt in eine neue

In allen drei Kulturen brechen die Vorfahren unter der Leitung eines oder mehrerer Führer (Edda: Asen, Römer: Aeneas, Azteken: Huitzilopochtli und Tenoch) in eine neue Welt auf, in der sie nach einer Wanderung eine neue Existenz gründen.

---

310 Seler1, S. 347

B. Gemeinsamkeiten zweier Unterwelten

	Gemeinsamkeiten zweier Unterwelten		
	Edda (Wikinger/Nordgermanen)	Aeneis (Römer)	Aztekencodices (Azteken)
1. Lage der Unterwelten	- Über der Erde → Walhall - Auf der Erde → Rán (Meeresboden) - Unter der Erde → Hel	Nur unter der Erde → Orcus	- Über der Erde im Himmel → In ichan tonatiuh ilhujcac + Xochatlapan in Tamoanchan - Auf der Erde auf den Bergen → Tlalocan - Unter der Erde → Mictlan
2. Die Todesart entscheidet über den Jenseitsort	Nur bedingt: - Ertrunkene → Rán - Kranke, Altersschwache → Hel - Kriegstote → Walhall	Nur bedingt: - zu Unrecht zum Tod Verurteilte → eigener, namenloser Bezirk im Orcus - Selbstmörder → eigener, namenloser Bezirk im Orcus - Selbstmörder aus Liebe → Trauergefilde - Kriegstote des Thebanischen und Trojanischen Kriegs → eigener, namenloser Bezirk im Orcus - Für ihr Vaterland Gefallene → Elysium	Eindeutig: - natürlicher Tod, „normale" Krankheiten, Altersschwäche → Mictlan - Tod durch Ertrinken, Blitzschlag, im Wasser, durch Aussatz, Haut-/Geschlechtskrankheiten, nicht verheilte Vereiterungen, Gicht, Aufschwellungen des Leibes → Tlalocan - Krieger, im Kindbett verstorbene Frauen, Geopferte, auf Reisen verstorbene Kaufleute → In ichan tonatiuh ilhujcac
	aber: Nastrand, Hvergelmir, Niflheim: - Meineidige - Mörder Vadgelmir (Unterweltfluss, aber keine Teilunterwelt): - Lügner Gimle (nach Ragnarök): - gute Menschen	aber: Tartarus: - Titanen + Theseus (ewig) - Götterfrevler - Geschwisterhasser - Vätermisshandler - Umgarner von Schutzbefohlenen - Personen, die nichts von ihrem Reichtum an Verwandte weitergeben - Ehebrecher - Teilnehmer an frevlerischen Kämpfen - untreue Sklaven Elysium: - zu Lebzeiten fast Fehlerlose - Erfinder - verdiente Menschen - vollkommen fehlerlose Priester - Seher mit phoebuswürdigen Worten	
3. Totenort für Kinder	Kein derartiger Ort vorhanden	Namenloser Bezirk im Orcus für vorzeitig verstorbene Kinder	Ort „Xochatlapan" im Haus „Tamoanchan" im Himmel für vorzeitig verstorbene Kinder
4. Auslöschung	Meineidige und Mörder werden von Nidhögg in Hels Teilunterwelt Nidafjöll zerrissen.	Tartarus → keine totale Vernichtung, sondern, entweder - Läuterung und Entlassung ins Elysium oder - ewiger Verbleib als abschreckendes Beispiel	Mictlan → Mictlantecutli und Mictecaciuatl fressen die lebenden Skelette in der untersten Teilunterwelt mictlan opochclalocan.
5. Anzahl der Unterweltflüsse	5 Unterweltflüsse: Gjöll, Hvergelmir, Slidr, Vadgelmir, Geirvimull	5 Unterweltflüsse: Styx, Acheron, Phlegethon, Cocytus, Lethe	1 Unterweltfluss: Chicunauhapan
6. Sterblichkeit der Götter	Alle Götter, darunter auch die Unterweltsgötter, sind sterblich (Zur Ragnarök kommen beinahe alle Götter um.).	Alle Götter, darunter auch die Unterweltsgötter, sind unsterblich.	Vor der Conquista: unsterblich Nach der Conquista: sterblich
7. Gemeinsamer Ursprung	Im Prolog der Snorra-Edda werden die nordgermanisch-wikingischen Götter als menschliche Helden des Trojanischen Krieges dargestellt, die nach Trojas Untergang nach Norden wandern → Ursprung: Troja	Nach Trojas Untergang flieht Aeneas aus den brennenden Stadt und kommt schließlich nach langer Irrfahrt nach Latium in Italien, wo er zum Stammvater der Römer wird. → Ursprung: Troja	Der Legende nach führte Huitzilopochtli und nach ihm Tenoch die Azteken aus Aztlan (genaue geografische Lage unbekannt) zum Texcoco-See, wo die Stadt Tenochtitlan gegründet wurde. → Ursprung: Aztlan

B.1. Lage der Unterwelten

Sowohl in der Edda (Walhall) als auch in den Aztekencodices (In ichan tonatiuh ilhujcac „das Haus der Sonne im Himmel) gibt es Totenorte im *Himmel* und *unter* der Erde (Edda: Hel, Azteken: Mictlan).

Edda und Aztekencodices erwähnen zudem Totenorte auf der Erde: Rán auf dem Meeresboden (Edda) und Tlalocan, das irdische Totenparadies des Regengottes Tlaloc auf den Bergen der Erde. Weshalb gibt es neben Himmel und Unterwelt noch einen irdischen Totenort? „Es ist (...) denkbar, daß [sic] es [Tlalocan] in früheren Zeiten, ehe die Einflüsse der einfallenden toltekischen und chichimekischen Jägernomaden dominierend wurden, als allen Menschen zugänglich gedacht wurde. In seinem Charakter als Lebensmittel- und Vegetationsparadies weist es keine jägerischen Aspekte auf und ist mit Sicherheit einer frühen Kultur seßhafter [sic], unkriegerischer Feldbauern zuzuordnen. Wie Tlalocan als das 'normale' Totenreich der Feldbaukultur erscheint, das jedoch durch die nomadischen Einflüsse in seiner Bedeutung reduziert worden ist, so erscheint Mictlan als das 'normale' Totenreich der Jägernomaden."[311]

In der Edda kommen die toten Krieger in den Himmel nach Walhall (in Asgard), weil sie ja als Einherier zur Ragnarök zusammen mit Odin den Kampf gegen die Mächte der Unterwelt bestreiten müssen. Dazu werden sie in Walhall speziell ernährt und müssen für den Kampf ständig trainieren. Hel kommt für sie deshalb als Aufenthaltsort nicht in Frage, da dort ihre späteren Gegner leben und dort auch generell kein Essen serviert wird.

Da auch die Sonne im Himmel bei den Azteken eine wichtige Rolle spielt, kann sich der Autor vorstellen, dass daher auch ein Totenort im Himmel in nächster Umgebung zu ihr existiert. Sonne bedeutet Leben und Wärme für Ackerbau und insbesondere für den Anbau des Hauptnahrungsmittels Mais. Die Sonne kann außerdem nur über den Himmel wandern, wenn sie von den toten Kriegern als Sonnenbegleiter getragen wird und am Mittag den im Kindbett verstorbenen Frauen zum Weitertransport übergeben werden. Den Sonnenbegleitern wird somit die höchst ehrenvolle Aufgabe zuteil, ihren Beitrag bei der Begleitung des lebensspendenden Sonne zu leisten.

B.2. Todesart entscheidet über den Jenseitsort

Bei den Azteken spielt es im engeren Sinn keine Rolle, ob eine Person zu Lebzeiten ein Sünder ist oder nicht; sie kommt, wenn sie eines natürlichen Todes (keine oder „normale" Krankheiten, Altersschwäche) stirbt, in jedem (!) Fall nach Mictlan, wo sie nach vier Jahren Aufenthalts in den neunten, untersten Teilunterwelt vom Herrscherpaar Mictlantecutli und Mictecaciuatl gefressen und somit endgültig ausgelöscht wird. Das Verhalten zu Lebzeiten hat lediglich einen Einfluss auf den Todeszeitpunkt; je redlicher eine Person ist, desto länger lebt sie. Ungeachtet dessen kann aber der Todeszeitpunkt - trotz Sünden - ein Mal im Leben nach hinten verlegt werden, wenn die betroffene Person nach einer Tezcatlipoca-Ohrenbeichte Buße tut. Besondere Orte für Sünder mit Fehlverhalten sind somit nicht erforderlich, womit die Todesart als entscheidender Faktor für den späteren Todesort in den Vordergrund rückt. Für besondere Verdienste zu Lebzeiten sind ebenfalls keine besonderen Totenorte nötig. Dies gilt auch für sozial Privilegierte (z. B. Könige, Kaufleute), wenn sie eines natürlichen Todes, an einer „normalen" Krankheit oder an Altersschwäche sterben. Auch Krieger, die nicht im Kampf fallen, und Kaufleute, die nicht auf Reisen sterben, müssen nach Mictlan.

Edda und Aeneis sind eine Kombination aus Todesart und Verhalten zu Lebzeiten, die beide jeweils den Todesort bestimmen.

Im Vergleich zur Aeneis sind Todesarten (Ertrinken auf See, Krankheit, Altersschwäche, Tod auf dem Schlachtfeld) und das Verhalten zu Lebzeiten (Meineid, Mord, Lüge) recht grob aufgeteilt und von geringer Anzahl.

In der Aeneis findet mit Bezug auf die Todesarten (zu Unrecht zum Tod Verurteilte, Selbstmörder, Tod auf den Schlachtfeldern sowie im Speziellen auf denjenigen des Thebanischen und Trojanischen Krieges) und das Verhalten zu Lebzeiten (Gottesfrevel, Geschwisterhass, Vatermisshandlung, Missbrauch von Schutzbefohlenen (= Sklaven), Verwandtengeiz, Ehebruch, frevlerischer Kampf, Untreue von Sklaven; Beinahe-Fehlerlosigkeit, Erfindungen, besondere Verdienste, fehlerloses Priestertum, poebuswürdiges Sehertum) eine feinere und umfangreichere Aufteilung und Abfüllung statt. Auffallend ist, dass die Aeneis hier Reihe von Faktoren aufzählt, welche die Gesellschaft beeinträchtigen und untergraben können. Die bestehende Gesellschaftsordnung soll nicht in Gefahr geraten: Respekt der Götter als oberste Autorität (keine Gotteslästerung), Respekt vor dem Vater (keine Vatermisshandlung, aber keine Muttermisshandlung), Respekt vor der Familie (kein Geschwisterhass), Respekt vor Sklaven (kein Missbrauch/kein Bestehlen), Unterstützung von Verwandten in Notlagen (kein Geiz unter Verwandten), Respekt vor der Ehe (kein Ehebruch), Respekt vor der staatlichen Ordnung (keine Bürgerkriegskämpfe, keine Umstürze), Respekt vor Herren und Herrinnen (keine Sklavenuntreue).

Hierin spiegelt sich wohl sehr stark das Regierungsprogramm des Kaisers Augustus, einem Zeitgenossen des Aeneis-Dichters Vergil. „Zu einem Kennzeichen der Herrschaft des Augustus wurde auch eine Rückbesinnung auf althergebrachte Sitte und Moral. Im Jahr 19 v. Chr. ließ sich Augustus vom Senat die *cura morum*, die Sittenaufsicht

---

311 Dietrich, S. 226

übertragen. Im Jahr darauf ließ er in den Leges Iuliae etwa die Strafvorschriften für Ehebruch verschärfen und eine allgemeine Pflicht zur Ehe einführen. Er selbst hatte in den Jahren seines Aufstiegs nicht eben ein Muster altrömischer Tugenden abgegeben – die erzwungene Scheidung seiner Frau Livia von ihrem früheren Mann war dafür nur das hervorstechendste Beispiel. Nun aber sah er in der Betonung traditioneller Werte ein Mittel, die geistigen Verheerungen aus der Zeit der Bürgerkriege zu heilen. Würde und Autorität des Princeps erforderten natürlich, dass Augustus und seine Familie mit gutem Beispiel vorangingen. Dies führte schließlich zum Zerwürfnis mit seiner Tochter Iulia, die sich den väterlichen Moralvorschriften nicht unterwerfen wollte. Im Jahr 2 v. Chr. ließ Augustus selbst sie vor dem Senat des Ehebruchs anklagen und (...) verbannen. Neun Jahre später, 8 n. Chr., ereilte den Dichter Ovid, den Autor der Ars amatoria („Liebeskunst"), das gleiche Schicksal: Er wurde nach Tomis am Schwarzen Meer verbannt. Das propagandistische Bild vom Princeps als treusorgendem altrömischem Patron, der über das Wohl der Seinen wacht, fand sichtbaren Ausdruck in einem umfangreichen Bauprogramm in Rom (publica magnificentia). Dazu gehörten Zweckbauten (...), vor allem aber Repräsentationsbauten (...), die dazu dienten, den Römern Macht und Autorität des Augustus vor Augen zu führen."[312]

Die moralischen Belehrungen sind geschickt in einen religiös-mythischen Kontext gestellt, wobei der politische Charakter eines Regierungsprogramms als religiös-moralische Vorgabe getarnt wird.

Belohnung und Bestrafung erfolgen nicht nur zu Lebzeiten, sondern auch nach dem Tod (Elysium bzw. Tartarus). Ins Elysium gelangen fürs Vaterland Gefallene, fast Fehlerlose, Erfinder, verdiente Menschen (z. B. Politiker?), vollkommen fehlerlose Priester (Durften Bürger einige Fehler haben, so mussten Priester komplett fehlerfrei sein.), Seher mit phoebuswürdigen[313] Worten.

B.3. Totenort für Kinder

Die Edda erwähnt keinen speziellen Totenort für Kinder; ertrinken sie, landen sie wohl wie die Erwachsenen in Rán, sterben sie, kommen sie wohl nach Hel.

Die Aeneis nennt einen namenlosen Bezirk im Orcus, an dem sich die vorzeitig verstorbenen Kinder aufhalten. Auch die Azteken kennen Totenort für vorzeitig verstorbene Kindern. Er befindet sich jedoch nicht in Mictlan oder in Tlalocan, sondern – ungeachtet der Todesart der Kindern - am Ort Xochatlapan („das Gartenland") im Haus Tamoanchan im Himmel. Das Himmelshaus Tamoanchan („das Haus des Herabkommens" des Lebens) ist nicht nur der Ort, von dem das Leben – die Kinder - auf die Erde herabkommt, sondern gleichzeitig auch der Totenort der Kinder. Tod und Leben liegen so nah beieinander.

B.4. Auslöschung

Bei den Azteken zerstört das Unterweltgötterpaar Miclantecutli und Mictecaciuatl in der untersten Unterwelt das letzte Überbleibsel eines Menschen (Skelett mit Herz), der dann von ihnen gefressen und somit endgültig ausgelöscht wird. Auch der Drache Nidhögg trinkt in Nastrand das Blut der dortigen Verbrecher (Meineidige und Mörder) und zerreißt sie.

B.5. Anzahl der Unterweltflüsse

Edda und Aeneis erwähnen jeweils exakt fünf Unterweltflüsse. Die Edda kennt einen Grenzfluss (Gjöll), die Aeneis drei (Styx, Acheron, Phlegeton). Zwei eddische Unterweltflüsse (Hvergelmir, Vadgelmir) fungieren als Strafort, zwei (Slidr, Geirvimull) sind ohne explizite Funktion. Zwei Unterweltflüsse der Aeneis (Cocytus, Lethe) erfüllen jeweils bestimmte Funktionen.

Die Azteken kennen nur einen Unterweltfluss, der als Grenzfluss dient: Chicunauhapan.

B.6. Sterblichkeit der Götter

In der Edda sind alle Götter sterblich. Nach Ragnarök kommen auch beinahe alle um. Die Azteken vor der spanischen Eroberung (Conquista) halten die Götter für unsterblich. Nach der Conquista halten sie sie für tot. Dafür gibt es ein schriftliches Zeugnis: „(...) im Jahre 1524, kamen (...) Franziskanerpatres in Mexico [sic] an, die den Eroberten den christlichen Glauben bringen sollten, nachdem deutlich geworden war, daß [sic] die Religionspolitik des Cortés und das

---

312 de.wikipedia.org/wiki/Augustus [gesehen am 23.04.2016]
313 Phoebus (altgriechisch „Phoibos" der Leuchtende) ist der Beiname des Gottes Apollo. Er war der Gott des Lichts, der Heilung, des Frühlings, der sittlichen Reinheit und Mäßigung sowie der Weissagung und der Künste, insbesondere der Musik, der Dichtkunst und des Gesangs; außerdem war er der Gott der Bogenschützen. Vgl. de.wikipedia.org/wiki/Apollon [gesehen am 23.04.2016]

damit verbundene Traumata der Niederlage nicht gerade geeignet waren, die Unterworfenen zur Konversion zu leiten. Aus diesem Anlaß [sic] kam es zu einem Religionsgespräch zwischen den (...) Patres und aztekischen Priestern und Würdenträgern, das Sahagún (...) 1564, nach alten Vorlagen aufzeichnete und das unter dem Titel Coloquios y doctrina christiana erhalten ist. (...) Überaus bemerkenswert ist in diesem Zusammenhang die Antwort der aztekischen Weisen und Priester: Sie sind sich der Aussichtslosigkeit ihrer Lage durchaus bewußt [sic]. (...) Sie antworten den neuen Herren in aller Demut und Unterwürfigkeit. (...) Sie sind sich bei ihrer Antwort bewußt [sic]: '(...) Wir (sind) Untertanen, wir (sind) vergänglich, wir (sind) sterblich, (...) wohlan, laßt [sic] uns denn zugrundegehen! Sind doch die Götter (auch) gestorben.'"[314] Das Sterben der Götter empfanden sie also als eine Erfahrung im Angesicht der Eroberung.

Bei den Römern sind die Götter unsterblich; sie müssen daher nicht an einer Art Ragnarök beseitigt werden. Zudem ist die Unsterblichkeit der Götter ein Garant für den Weiterbestand der Welt, deren sterbliche Bewohner sich immer wieder dadurch erneuern, dass Merkur in einer Art Wiedergeburt Seelen, die durch das Trinken aus dem Lethestrom ihre frühere Existenz vergessen hatten, aus dem Elysium in die oberirdische Welt ruft.

B. 7. Gemeinsamer Ursprung

In allen drei Kulturen taucht ein mythischer – im Falle Trojas sogar ein real existierender – Ort auf, von dem aus Vorfahren aufbrechen, um nach einer langen Wanderung oder Reise eine neue Existenz zu gründen. In der Edda und in der Aeneis ist dies Troja, bei den Azteken Aztlan.

C. Unterschiede zwischen den Unterwelten

Unterschiede zwischen den Unterwelten			
	Edda (Wikinger/Nordgermanen)	Aeneis (Römer)	Aztekencodices (Azteken)
1. Anzahl der Unter-welten	3 Totenorte: - Hel - Rán - Walhall	1 Totenort: Orcus	4 Totenorte: - unter der Erde: Mictlan - auf der Erde: Tlalocan - Himmel: Haus „In ichan tonatiuh ilhujcac" - Himmel: Haus „Tamoanchan"
2. Anzahl der obersten Götter	1 Einzelgottheit: Odin	1 Götterpaar: Jupiter + Juno	5 wichtige Einzelgötter: - Huitzilopochtli - Tezcatlipoca - Tlaloc - Quetzalcoatl Weitere wichtige Götter: Neun Herren der Stunden der Nacht + neun Repräsentanten der Himmelsrichtungen
3. Seelenwanderung	Keine	Seelenwanderung: Die Seelen werden vom Gott Merkur aus dem Elysium in die Oberwelt gerufen, nachdem sie durch das Trinken von Wasser aus dem Strom Lethe ihre vorherige Existenz vergessen haben.	Scheinbare Seelenwanderung → Nagualismus
4. Verweildauer in der Unterwelt	Meineidige und Mörder werden zerrissen. An Ragnarök werden die Hel-Wächter (Fenriswolf, Garm, Modgudr) getötet. Das Schicksal der restlichen Hel-Bewohner nach Ragnarök wird in der Edda nicht erwähnt. Da die Hel-Wächter jedoch tot sind, könnten die verbliebenen Hel-Insassen theoretisch freikommen.	1000 Jahre im Elysium	- 4 Jahre in Mictlan - Krieger/Geopferte → 4 Jahre in In ichan tonatiuh ilhujcac (Himmel) → dann weiterhin im Himmel abwechselnd als Sonnenbegleiter und als Vogel/ Schmetterling auf der Erde (Nagualismus)

---

314 Dietrich, S. 363 f.

C.1. Anzahl der Unterwelten

Die Aeneis kennt einen *einzigen* Totenort (Orcus), die Edda *drei* (Hel, Rán, Walhall) und die Aztekencodices *vier* (Mictlan, Tlalocan, In ichan tonatiuh ilhujcac, Tamoanchan).

In der Edda sind zwangsläufig mindestens zwei Unterwelten nötig, da die Einherier zusammen mit den Asgard-Göttern an Ragnarök gegen die Mächte der Unterwelt (Fenriswolf, Garm, Musspellsöhne, Göttin Hel, Midgardschlange) kämpfen müssen. Die Einherier können nach ihrem Tod gar nicht in Hel wohnen, weil sie ja dann unter der Verfügungsgewalt der Mächte der Unterwelt wären.

Warum Rán als zusätzliche Unterwelt auf der Erde (Meeresboden) existiert, bleibt unklar. In der Edda taucht Rán ohnehin nicht auf, nur in den Skaldendichtungen.

Bei den Azteken sind die einzelnen Totenorte Überbleibsel aus der Jäger- und Nomaden- (Mictlan) sowie der Feldbauernkultur (Tlalocan).[315] Die himmlischen Totenorte sind eine Synthese aus beiden zu sein scheint; er liegt weder unter (Mictlan) noch auf (Tlalocan) der Erde, sondern eben darüber. Interessant ist allerdings, dass Mictlan-Skelette nach vier Jahren komplett ausgelöscht werden, was sonst nur noch in Hel stattfindet. In der Aeneis bleiben diejenigen, die von der Wiedergeburt ausgeschlossen sind, für ewig im Tartarus. Letzterer ist als Läuterungsort Teil der Unterwelt.

In der Aeneis reicht eine *einzige* Unterwelt, da es keine Ragnarök gibt und Seelen wiedergeboren werden. Somit ist die Kontinuität ab den Ereignissen in Troja bis in die römische Zukunft gewährleistet; eine heroische Abstammung und eine gesicherte Zukunft erfordern keinen Weltuntergang. Für diesen Seelenwanderungskreislauf genügt eine Ober- und eine Unterwelt. Der Götterhimmel Olympus, der ja in eigentlich nicht im Himmel, sondern auf dem Berg Olympus liegt, ist den Göttern vorbehalten, zu dem Sterbliche keinen Zugang haben.

C.2. Anzahl der obersten Götter

In der Edda gibt es nur einen obersten Gott, nämlich Odin, wenngleich Thor bei den Menschen beliebter war. Bei Ragnarök ist ein Feldherr erforderlich, der die Einherier gegen die Mächte der Unterwelt an Ragnarök im Kampf anführt.

In der Aeneis gibt es anstatt eines obersten zwei oberste Götter als Paar: Jupiter und Juno. Die Aeneis ist zur Zeit des Kaisers Augustus (27 v. Chr.-14 n. Chr.) entstanden. Er war der erste römische Kaiser überhaupt. Er sah sich als erster Bürger (= princeps) und war der oberste Priester (= pontifex maximus). Augusts war u. a. mit Livia Drusilla verheiratet, die als erste Römerin den kaiserlichen Titel „Augusta" bekam. Von ihrem Enkel, Kaiser Claudius, wurde sie nach ihrem Tod sogar zur Göttin erhoben und erhielt den Ehrentitel „Diva Augusta"[316]. Augustus gab Vergil den Auftrag, die Aeneis zu verfassen.

Schon bei den Griechen gab es ein oberstes Götterpaar: Zeus und Hera. Diese wurden als Jupiter und Juno übernommen. Im Staat gab es nur einen ersten Bürger, einen Augustus, einen pontifex maximus, der mit einer Augusta zusammen war, sodass es nur logisch war, wenn es auch in der Religion nur ein oberstes Paar gab.

Bei den Azteken scheint keine Götterhierarchie zu existieren; es gibt fünf sehr wichtige Götter, die teilweise auch untereinander im Widerstreit lagen: Huitzilopochtli, Tezcatlipoca, Tlaloc, Quetzalcoatl, Yacatecutli.

„Uitzilopochtli [sic] (...) war nur ein Mensch, (...) ein zauberkundiger Führer des Volkes, der nachmalen [sic] zum Gott erhoben wurde."[317] Er „(...) war nur ein gewöhnlicher Mensch, ein Zauberer, (...) er stiftet Unruhe, erzeugt schreckliche Bilder, ist ein Gaukler. Er schafft den Krieg, er stellt die Krieger auf (...). (...) er wirft auf die Leute den Krieg."[318]

Man nimmt an, dass Huitzilopochtli der Anführer der Azteken auf ihrer Wanderung von Aztlan nach Tenochtitlan gewesen sein könnte, der nach seinem Tod – wie Livia Drusilla – zum Gott erhoben worden sein könnte. „Mehr als bei den anderen Göttern verkörperte sich aber in Tezcatlipoca die Idee des allgewaltigen, übermächtigen Wesens."[319] Tezcatlipoca ist der „Genosse, und zugleich das Widerspiel, Quetzalcouatl's [sic]. Quetzalcouatl [sic] der Priester, Tezcatlipoca der Krieger; Quetzalcoatl der Astronom und Kalendergelehrter (...), der Bildschrift Kundige, Tezcatlipoca der Feuerquirler, der Sänger und Tänzer; Quetzalcouatl [sic] (...), der aus den Kalendern Bilderschriften das Schicksal eines Menschen oder den Erfolg einer Sache bestimmt, Tezcatlipoca (...), der Zauberer, der alles weiss [sic], der in seinem Spiegel alle Dinge sieht, und der alle Dinge kann, tausend Verwandlungen annimmt und seine Kunst im allgemeinen [sic] mehr zum Schaden als zum Nutzen seiner Mitmenschen ausübt. Weil aber dieser Gott unsichtbar, allgegenwärtig ist, tausenderlei Erscheinungsformen annehmend, weil er alle Dinge und die verborgenen Dinge sieht und das Innere der Menschen kennt (...), darum ist er es auch, der alles Unrecht sieht und straft. Er ist der Gott, vor dem die Sünder

315 Vgl. Dietrich SS. 35, 47, 181
316 Vgl. de.wikipedia.org/wiki/Livia_Drusilla [gesehen am 01.05.2016]
317 Seler Altmex2, S. 141
318 Azteken, S. 19
319 Seler Altmex2, S. 140 f.

am meisten Angst haben."[320] „Tezcatlipoca wurde als richtiger Gott angesehen. Er wohnte überall, unter und auf der Erde und im Himmel. (...) Alles Böse, was über den Menschen kam, schuf er. (...) Und manchmal gab er den Leuten Reichtum und Besitz, Kriegerrang, Häuptlingsrang, Fürstenrang, Königswürde, Prinzenrang, Ehrenstellung."[321]

Tlaloc „schuf, ließ herabkommen, streute aus den Regen und den Hagel, ließ aufblühen, aufsprossen, grün werden, aufplatzen, wachsen die Bäume, das Gras, den Mais. Und ferner wurde ihm zugeschrieben, daß [sic] Leute im Wasser ertranken und von dem Blitz erschlagen wurden."[322]

Der Haupttempel „Templo Mayor" in der Aztekenhauptstadt Tenochtitlan war Huitzilopochtli und Tlaloc geweiht. Der eine war der zum Gott gewordene Führer, der die Nahua-Stämme aus Aztlan an den prophezeiten Ort Tenochtitlan führte. Dort mussten sich die Azteca gegen die Tepaneka und andere zur Wehr setzen; Huitzilopochtli wurde zum Kriegsgott. Der andere, Tlaloc, war der Herr über lebensspendendes Wasser, aber auch der, der Leben nahm und zugleich Herrscher über das irdische Totenparadies Tlalocan war.

Quetzalcoatl war der weise und kundige Priester und sein Widersacher Tezcatlipoca der *echte* Gott, der alles weiß und überall wohnt.

Andere wichtige Götter sind die Neun Herren der Stunden der Nacht.

C.3. Seelenwanderung

In der Edda ist eine Seelenwanderung deshalb nicht nötig, weil die Menschen nicht immer und immer wieder erneuert werden müssen, indem sie reinkarniert werden, sondern die ganze Welt wird an Ragnarök vernichtet und eine neue, grüne Welt steigt aus dem Meer empor. .

Da es in der Aeneis keinen Weltuntergang gibt, bleibt noch die Seelenwanderung zur Erneuerung des Geistes der Menschen.

In den Aztekencodices hat es den Anschein, als gebe es auch eine Art Wiedergeburt. Tatsächlich scheint es sich jedoch um Nagualismus zu handeln: In Mittelamerika und besonders in Mexiko glaubten die Menschen an einen Schutzgeist in Pflanzen- oder Tiergestalt, den jeder Mensch besitzt und der Nagual genannt wird. Der Nagual, auch Nahual (Nahuatl „naualli" = „etwas Verborgenes", „Maske", „Verkleidung", „Verhüllung") genannt, ist ein persönlicher Schutzgeist, eine Art Alter ego.[323] Auch den aztekischen Göttern werden Schutzgeister zugeschrieben: z. B. Huitzilopochtli = Kolibri, Tezcatlipoca = Eule oder Käuzchen. Jeder Schutzgeist ist eng mit seinem Mensch verbunden, sodass Tod oder Verwundung immer beide trifft.

C.4. Verweildauer in der Unterwelt

In der Edda wird keine Verweildauer genannt. Walhall-Bewohner warten auf Ragnarök, deren Beginn in der Edda ebenfalls an keiner Stelle aufgeführt ist. Meineidige und Mörder werden in Hel für immer vernichtet. Dies gilt auch für die Hel-Wächter Fenriswolf, Garm und Modgudr, da sie an Ragnarök umkommen. Theoretisch könnten die verbliebenen Hel-Bewohner freikommen, wie am Beispiel Balders vor Augen geführt wird.

In der Aeneis verbleiben die Toten 1000 Jahre im Elysium, ehe sie wieder freikommen.

Bei den Azteken verbleiben die aufgrund ihrer Todesart nach Mictlan gelangten lebenden Skelette vier Jahre dort, ehe sie vom Unterweltpaar komplett ausgelöscht werden. Krieger und Geopferte gelangen aufgrund ihrer spezifischen Todesart ins Haus der Sonne im Himmel, wo sie erst einmal vier Jahre lang keine Aufgaben haben. Nach Ablauf dieser Frist begleiten sie bis Mittag die Sonne und fliegen danach als Vögel oder Schmetterlinge zum Honigsaugen auf die Erde. Dieser Ablauf wiederholt sich dann an den Folgetagen bis in alle Ewigkeit.

---

320 Seler Altmex2, S. 144
321 Azteken, S. 20
322 Azteken, S. 20 f.
323 Vgl. de.wikipedia.org/wiki/Nagual [gesehen am 01.05.2016]

Schlusswort

Abschließend will der Autor dieser Seminararbeit anmerken, dass es ihm viel Spaß bereitet hat, sich mit den Unterwelten und den damit verbundenen Mythen dieser alten Völker zu befassen. Vieles, wie z. B. die Existenz von _mehr_ als nur _einer_ Unterwelt bei Azteken, Wikingern und Nordgermanen war ihm vor Beginn dieser Arbeit noch nicht bewusst. Des weiteren war es sehr spannend, wie ein Detektiv sämtliche Hinweise in den benutzten Quellen genau unter die Lupe zu nehmen, um dann in kriminalistischer Kleinarbeit aus einem forensischen Puzzle ein umfassendes Gesamtbild der jeweiligen Unterwelt zu zeichnen.

Dabei wird Interessierten erst richtig bewusst, wie schwierig es ist, sich im mythologischen Kosmos alter Kulturen zurechtzufinden und vor allem gute, _verlässliche_ Quellen aufzuspüren. Um so mehr bewundert der Autor gerade mit Bezug auf die Azteken die Leistung von Forschern, wie Dr. Eduard Seler und seiner Ehefrau Cäcilie Seler-Sachs, die wichtige Schritte unternommen haben, um Licht ins Dunkel – nicht nur der Unterwelten – zu bringen und den Grundstein für weitere nachfolgende Forschergenerationen gelegt haben, auch wenn vieles immer noch im Verborgenen liegt und bislang noch nicht vollständig erforscht und ausgewertet ist, wie z. B. Dr. Selers „berühmter" Zettelkasten zur Entzifferung der Aztekenglyphen.

Natürlich kann man auch die Werke, wie Edda, Aeneis und Aztekencodices, von frühesten namentlich unbekannten und bekannten Autoren – darunter Bernardino de Sahagún in seinem Codex Florentinus - nicht hoch genug schätzen; sie steuern uns – direkt oder indirekt – einen wichtigen Teil zum Verständnis der alten Kulturen bei.

Am meisten erstaunt hat den Autor jedoch die große Anzahl an Gemeinsamkeiten zwischen den Unterwelten aller drei Völker, die unterschiedlicher nicht sein könnten. Sicher war es nicht immer leicht, die Zusammenhänge zwischen den oftmals sehr komplex aufgebauten Unterwelten zu verstehen. Und so war der Autor dieser Seminararbeit zeitweise froh, mit dem aeneischen Orcus ein Jenseits betrachten zu können, das sich an einem einzigen Ort konzentriert und nicht allzu komplex dargestellt ist.

Letztendlich lässt sich jedoch festhalten, dass das Erstellen dieser Seminararbeit sehr erhellend und äußerst bereichernd für das Wissen des Autors war.

Hel.

Die Nordgermanischen Sprachen

Die Skandinavischen Sprachen ■ Dänisch ■ Schwedisch ■ Norwegisch (Bokmål und Nynorsk) ▨ Isländisch ▨ Färöisch ■ Norn †

54

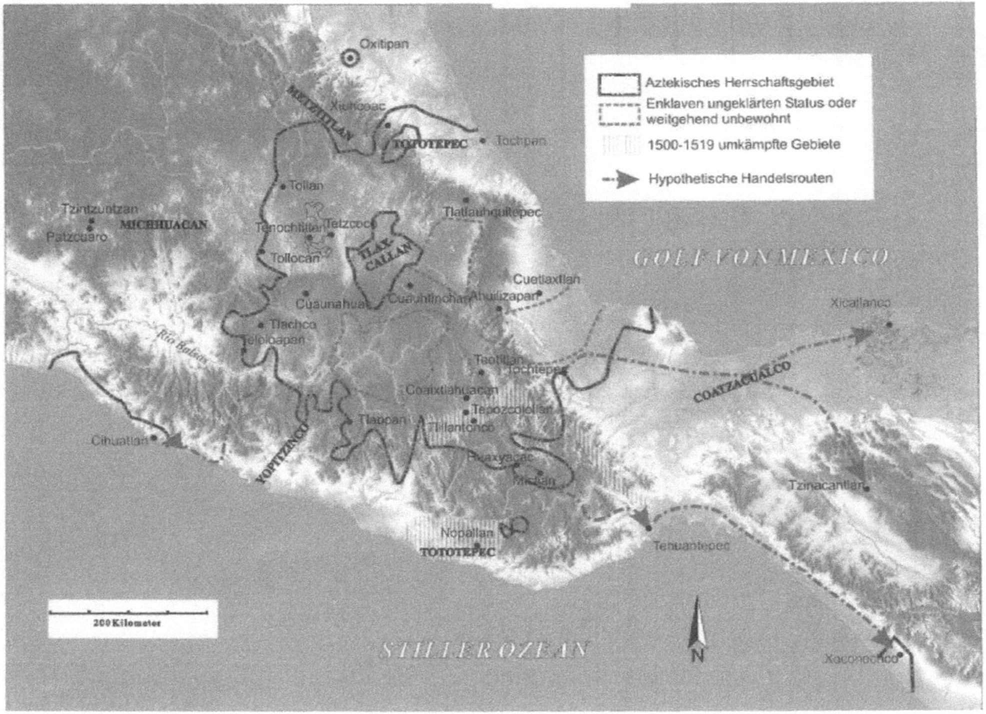
Aztekisches Herrschaftsgebiet
Enklaven ungeklärten Status oder weitgehend unbewohnt
1500-1519 umkämpfte Gebiete
Hypothetische Handelsrouten
Oxitipan
METZTITLAN
TOTOTEPEC
Tochpan
Tollan
Tzintzuntzan
MICHHUACAN
Patzcuaro
Tenochtitlan
Tetzcoco
Tollocan
TLAXCALLAN
Tlatlauhquitepec
Cuetlaxtlan
GOLF VON MEXICO
Cuaunahuac
Ahuilizapan
Xicallanco
Tlachco
Teloloapan
Rio Balsas
COATZACUALCO
Coaixtlahuacan
Tepozcolollan
Tlappan
Tlilantonco
Cihuatlan
YOPITZINCO
Tzinacantlan
Nopallan
TOTOTEPEC
Tehuantepec
200 Kilometer
STILLER OZEAN
N
Xoconochco

Anhang 2

Internet-Kartennachweis

- Wikinger:
  upload.wikimedia.org/wikipedia/commons/d/d0/Züge%2C_Landnahmen_und_Siedlungsgebiete_der_Nordmä
  nner_-_800-1050.png
  [gesehen am 09.05.2016]

- Nordgermanische Sprachen:
  de.wikipedia.org/wiki/Nordgermanische_Sprachen#/media/File:Lenguas_nórdicas.PNG
  [gesehen am 09.05.2016]

- Aztekenreich: upload.wikimedia.org/wikipedia/commons/thumb/2/2f/Mexica_Extent_de.png/1024px-
  Mexica_Extent_de.png
  [gesehen am 09.05.2016]

Bildnachweis

- Pluto und Proserpina, in: Les Echecs amoureux. Handschrift aus dem 15. Jahrhundert. Angefertigt für Louise
  de Savoie, Mutter des französischen Königs François Ier. In: media-2.web.britannica.com/eb-
  media/65/139465-004-7907EA97.jpg [gesehen am 09.05.2016]

- Hel [mit Garm] (Zeichnung von Johannes Gehrts, 1889), anhaltdesign.dk/wp-content/uploads/2016/03/Hel-og-
  Garm-af-Johannes-Gehrts-fra-Walhall-1888-oph%C3%A6ng.jpg
  [gesehen am 09.05.2016]

Anhang 3

Literaturnachweis

Binder, Gerhard und Edith (Herausgeber und Übersetzer): P. Vergilius Maro Aeneis Lateinisch/Deutsch. Stuttgart 2012, 5. Buch (Kurzbezeichnung für Fußnotennachweis: „Binder")

Codex Borgia. Erläutert von Dr. Eduard Seler. Band I. Tafel 1-28. Berlin 1904

Dietrich, Gabriele: Tod und Jenseits in der Aztekischen Religion. Inauguraldissertation am Fachbereich 11 (Philosophie und Sozialwissenschaften) der Freien Universität Berlin. Berlin 1971 (Kurzbezeichnung für Fußnotennachweis: „Dietrich")

Grant, Michael und John Hazel: Lexikon der antiken Mythen und Gestalten. München 1994 (Kurzbezeichnung für Fußnotennachweis: „Grant")

Hellmold, Nele: Die ethnohistorische Aussagekraft der präkolonialen und kolonialen Codices aus dem westlichen Mesoamerika. Studienarbeit. Universität Hamburg. Institut für Lateinamerika-Studien. 2008 (Kurzbezeichnung für Fußnotennachweis: „Hellmold" genannt)

Krause, Arnulf (Auswahl, Übersetzer, Kommentare): Die Edda des Snorri Sturluson. Stuttgart 2015 (Kurzbezeichnung für Fußnotennachweis: „Snorra-Edda")

Krause, Arnulf (Herausgeber, Übersetzer): Die Götter- und Heldenlieder der Älteren Edda. Stuttgart 2004 (Kurzbezeichnung für Fußnotennachweis: „Lieder-Edda")

Sahagún, Bernardino de: Historia universal de las cosas de Nueva España [Universalgeschichte Neu-Spaniens], 1585. Hier: „Das Herz auf dem Opferstein, Aztekentexte" [bringt ausgewählte Kapitel aus dem Werk „Fray Bernardino de Sahagún, einige Kapitel aus dem Geschichtswerk wortgetreu aus dem Aztekischen übertragen von Eduard Seler", herausgegeben von Cäcilie Seler-Sachs in Gemeinschaft mit Prof. Dr. Walter Lehmann und Dr. Walter Krickeberg]. Aus der Ursprache Nahuatl übertragen von Eduard Seler. Ausgewählt und mit einem Nachwort versehen von Janheinz Jahn. Düsseldorf 1962 (Kurzbezeichnung für Fußnotennachweis: „Opferstein")

Schulze Jena, Leonhard, Eduard Seler und Sabine Dedenbach-Salazar-Sáenz (Übersetzer): Aus der Welt der Azteken. Die Chronik des Fray Bernardino de Sahagún. Frankfurt am Main 1989 (Kurzbezeichnung für Fußnotennachweis: „Azteken")

Seler, Eduard: Altmexikanische Studien II. VI. Band 2./4. Heft, 1. Zauberei und Zauberer im alten Mexico [sic]. 2. Die bildlichen Darstellungen der mexikanischen Jahresfeste. 3. Die achtzehn Jahresfeste der Mexikaner (Erste Hälfte). In: VERÖFFENTLICHUNGEN AUS DEM KÖNIGLICHEN MUSEUM FÜR VÖLKERKUNDE. 6. Band. 2./4. Heft. Berlin 1899 (Kurzbezeichnung für Fußnotennachweis: „Seler Altmex2")

Seler, Eduard: Gesammelte Abhandlungen zur Amerikanischen Sprach- und Alterthumskunde [sic]. Erster Band. Sprachliches. - Bilderschriften. - Kalender und Hieroglyphenentzifferung. Berlin 1902 (Kurzbezeichnung für Fußnotennachweis: „Seler1")

Seler, Eduard: Gesammelte Abhandlungen zur Amerikanischen Sprach- und Alterthumskunde [sic]. Zweiter Band. Zur Geschichte und Volkskunde México's [sic]. — Reisewege und Ruinen. — Archäologisches aus Mexico. — Die religiösen Gesänge der alten Mexikaner. Berlin 1904 (Kurzbezeichnung für Fußnotennachweis: „Seler2")

Seler, Eduard: Gesammelte Abhandlungen zur Amerikanischen Sprach- und Alterthumskunde [sic]. Dritter Band. Geschichtliches. — Bilderschriften, Kalendarisches und Mythologie. — Ethnographisches und Archäologisches aus México [sic]. — Archäologisches und anderes aus den Maya-Ländern. Berlin 1908 (Kurzbezeichnung für Fußnotennachweis „Seler3")

Simek, Rudolf: Lexikon der germanischen Mythologie. Stuttgart 2006 (Kurzbezeichnung für Fußnotennachweis:„Simek")

Soustelle, Jacques: La Pensée cosmologique des Anciens Mexicains. Paris 1940 (Kurzbezeichnung für Fußnotennachweis: „Soustelle")